La timidité

CHRISTOPHE ANDRÉ

Médecin psychiatre attaché des hôpitaux
Chargé de cours à l'Université Paris X

DU MÊME AUTEUR

Les thérapies cognitives, Paris, Éditions Morisset, 1995.
La peur des autres, Paris, Éditions Odile Jacob, 1995 (avec Patrick Légeron).
La gestion du stress, Paris, Éditions Morisset, 1995 (avec François Lelord et Patrick Légeron).
Comment gérer les personnalités difficiles, Paris, Éditions Odile Jacob, 1996 (avec François Lelord).
Chers patients. Petit traité de communication à l'usage des médecins, Éditions du Quotidien du Médecin, 1997 (avec François Lelord et Patrick Légeron).

ISBN 2 13 047982 0

Dépôt légal — 1re édition : 1997, février

108, boulevard Saint-Germain, 75006 Paris

INTRODUCTION

> « Cependant une invincible timidité m'arrêtait : tous mes discours expiraient sur mes lèvres, ou se terminaient tout autrement que je ne l'avais projeté. Je me débattais intérieurement : j'étais indigné contre moi-même. »
>
> (Benjamin Constant, *Adolphe.*)

Les romanciers et les poètes savent décrire en quelques mots fulgurants des phénomènes auxquels les scientifiques doivent consacrer des pages entières. La timidité n'échappe pas à la règle : bien avant que les médecins et psychologues ne se soient intéressés à elle, les littéraires l'avaient déjà dépeinte avec exactitude.

Mais que recouvre exactement la timidité, ce mot connu de tous, ce trouble que chacun a pu éprouver au moins une fois dans son existence ?

C'est dès la définition que commencent les difficultés, car la timidité est un concept flou, un « mot-valise », recouvrant autant de réalités que d'individus.

Elle peut désigner une façon d'être stable, un style personnel marqué par la réserve et l'inhibition ; mais elle peut aussi se manifester uniquement à certains moments. Elle peut être visible et observable par l'entourage, plongeant celui qui en est victime dans l'embarras ; mais elle peut aussi passer inaperçue, tout en faisant souffrir intérieurement. Elle peut s'étendre à presque toutes les situations du quotidien, ou ne concerner qu'un ou deux aspects très spécifiques de notre vie.

La timidité est de toutes les époques. Homère décrivait déjà dans *L'Odyssée* un Ulysse intimidé au moment de rencontrer le roi Alkinoos : « Il fit halte un instant : que de trouble en son cœur devant le seuil de bronze ! » Toute la littérature fourmille de notations étonnantes de justesse :

Shakespeare, Montesquieu, Rousseau, Jules Renard, Stendhal, Proust, Tennessee Williams..., pour ne citer que les plus célèbres d'entre eux, ont immortalisé la timidité au travers de portraits de timides étonnants de justesse, de confessions autobiographiques émouvantes, de descriptions drôlatiques de scènes d'embarras...

Lorsqu'un tel trouble est si souvent décrit, c'est qu'il appartient à chacun d'entre nous, qu'il est blotti au cœur de la nature humaine. La timidité concerne une personne sur deux dans les pays occidentaux, et elle illustre sans aucun doute une manière d'être universellement répandue, derrière les spécificités et particularismes culturels.

Longtemps négligée, la timidité est depuis quelques années au centre de nombreux travaux destinés à mieux la comprendre, et à mieux la traiter. La mise en évidence de sa très grande fréquence, ainsi que des difficultés et des souffrances qu'elle peut provoquer, a représenté une surprise pour les chercheurs. La mise au point de solutions psychologiques, ou parfois médicamenteuses, et d'outils de changement personnel efficaces, permet actuellement à de nombreux sujets timides de mener une vie plus conforme à leurs aspirations.

Mais ce que l'on appelle la timidité recouvre en fait une vaste nébuleuse de difficultés, dont les manifestations sont variées, les mécanismes complexes et intriqués. Est-il possible d'y voir un peu plus clair ?

Chapitre I

LES DIFFÉRENTES FORMES DE TIMIDITÉ

La timidité est une réalité extrêmement répandue. Un sondage récent[1] montrait que 58 % des Français s'estimaient timides (très ou un peu). Un autre[2] plaçait la crainte d'être dévisagé ou de parler en public au troisième rang des peurs de nos contemporains (juste après la peur du vide et celle des serpents). Mais tous les spécialistes du problème savent que ces chiffres recouvrent des réalités bien différentes. Qu'y a-t-il de commun, en effet, entre la timidité avouée au soir de sa vie par François Mitterrand, qui fut pendant quatorze ans un président de la République particulièrement médiatique, et celle qui étreint le jeune demandeur d'emploi avant son tout premier entretien d'embauche ? Lorsque la timidité devient sujet de conversation, chacun s'en affirme atteint ; mais là encore, lorsqu'un chef d'entreprise d'âge mûr raconte avec aisance qu'il est un grand timide, parce qu'il ressent du trac lors de ses exposés en public, décrit-il bien le même trouble que celui dont parle sa jeune voisine de table, confiant comment elle craint de rougir devant les hommes qui lui plaisent ?

La même variété se retrouve chez les spécialistes : *il existe de très nombreuses définitions scientifiques de la timidité,* plus d'une vingtaine à ce jour ! En fonction du

1. Sondage IFOP réalisé pour le magazine *Top-Santé* en 1992.
2. Sondage IFOP réalisé pour le magazine *Globe Hebdo* en 1993.

point de vue que l'on souhaite privilégier, il est en effet possible d'aborder le phénomène sous l'angle de ce qui est observable (les comportements) ou de ce qui est ressenti (les émotions). De ne s'intéresser qu'à ce qui est stable et durable (la timidité en tant que manière d'être) ou bien d'y englober tous les moments où l'on se sent ponctuellement intimidé (la timidité comme réponse à certaines situations). De privilégier les formes invalidantes de timidité (comme la phobie sociale) ou bien d'étendre le concept à toutes les gênes sociales, même légères.

Une des manières les plus claires d'aborder le problème est sans doute de se référer au concept d'*anxiété sociale*[1]. L'anxiété sociale désigne l'ensemble des phénomènes d'inconfort, pouvant aller de la simple gêne à la véritable panique, ressentis lors de la confrontation à certaines ou à toutes les situations sociales. Ainsi définie, l'anxiété sociale renvoie à une expérience profondément humaine, et que chacun a pu ressentir. La timidité représente une forme spécifique d'anxiété sociale, sans doute la plus fréquente. Mais le trac, la peur de rougir, les intimidations ponctuelles, la phobie sociale et bien d'autres encore appartiennent aussi au spectre de l'anxiété sociale, et sont donc des troubles entretenant un certain cousinage avec la timidité.

Tableau 1. — **Les différentes formes d'anxiété sociale**

	Formes bénignes	*Formes pathologiques*
Manifestations permanentes	Timidité	Personnalité évitante
Manifestations paroxystiques	Trac et intimidations ponctuelles	Phobie sociale

1. M. R. Leary et R. M. Kowalski, *Social anxiety*, New York, Guilford Press, 1995.

I. — La timidité

> « Ah ! parce que... parce que je suis possédé d'une infirmité déplorable : je suis timide ! »
>
> (Labiche, *Les deux timides*.)

1. **Définition.** — La timidité est avant tout une *manière d'être*, associant, lors de certaines situations sociales, un malaise intérieurement ressenti et une gêne extérieurement perceptible. Le sujet timide est parfaitement conscient de son trouble, et désireux de s'engager dans les interactions sociales redoutées. Mais ses difficultés présentent un relatif degré d'incontrôlabilité, et le contraignent à éviter certaines situations, ou à adopter des attitudes de repli ou d'inhibition lorsqu'il y est confronté. L'ensemble de ces manifestations provoque chez le timide un profond sentiment d'insatisfaction et d'autodévalorisation.

2. **Différents types de timidité.**

A) *Timidité publique et timidité privée.* — Certains auteurs ont souligné la différence entre une timidité « publique », facile à repérer par les interlocuteurs et les observateurs, et une timidité « privée », que le sujet timide ressent sans que son entourage ne le remarque. Cette différence est observable dans l'évolution de nombreux sujets timides : alors même qu'ils ont réussi à surmonter leur trouble, affrontant sans inhibition ni inquiétude apparente les situations qu'ils redoutaient autrefois, fréquents sont les individus qui ressentent encore en eux-mêmes une forte appréhension. Beaucoup de ces sujets se définissent d'ailleurs comme des « anciens timides ». Un peu comme si, à l'image des « anciens buveurs », l'expérience de la timidité avait laissé une trace, voire une vulnérabilité, indélébile : sensibilité particulière à la critique, fort besoin d'approbation et de reconnaissance par autrui, et crainte toujours présente du retour d'une appréhension lors des situations impressionnantes... Les conversations sur la timidité sont elles aussi porteuses de malentendus gravitant autour de cette différence. Lorsqu'un personnage public et médiatique, ou tout simplement une personne apparemment à l'aise, se déclare timide, une certaine incrédulité peut saisir les interlocuteurs : « Timide, vous ? Mais vous n'avez pas du tout l'air timide... » C'est que de manière générale, lorsqu'une personne parle de sa timidité, elle fait référence aux manifestations de « timidité interne », alors que lorsque nous parlons de la timidité des autres, nous ne prenons en compte que les signes de « timidité externe ».

B) *Peur des autres ou peur de soi ?* — Une autre classification possible des formes de timidité concerne l'objet principal des craintes du timide. Pour certains[1], il existerait deux grandes façons d'être timide : la timidité liée à la peur des autres (*fearful shyness* des Anglo-Saxons), et la timidité liée à la peur de soi *(self-conscious shyness)*. Évolutions, manifestations, mécanismes : beaucoup d'éléments permettraient de séparer ces deux types de timidité.

Tableau 2. — **Les deux grandes familles de timidité**

Timidité liée à la peur des autres	*Timidité liée à la peur de soi*
Débouche sur un sentiment de peur et une fuite	Débouche sur une vigilance anxieuse et une inhibition
Débute dans la première année	Débute vers 4-5 ans
Est liée à ce qui est nouveau, inconnu, intrusif	Est liée au fait de se sentir observé ou différent des autres
Est marquée par une forte dimension physique des symptômes	Est marquée par une forte dimension psychologique des symptômes
Tend à s'éteindre avec la répétition des contacts (habituation)	Peut s'aggraver avec la répétition des contacts (sensibilisation)

1. A. H. Buss, *Two kinds of shyness, in* R. Schwarzer (éd.), *Anxiety and cognitions*, Hillsdale, NJ, Erlbaum, 1985.

a) Timidité et peur des autres. Cette timidité commencerait à se manifester très précocément, durant la première année de la vie : elle correspondrait alors à une *étape psychologique normale* chez l'enfant, marquée par la peur des visages étrangers, et une certaine anxiété de séparation d'avec les personnes affectivement proches[1]. Cette anxiété se manifeste par des pleurs, un refus du regard et du contact, et la recherche d'une personne sécurisante. De telles manifestations sont d'ailleurs retrouvées chez la plupart des mammifères : elles ont un fort caractère inné, représentant très probablement un moyen de protection de l'espèce (en poussant le jeune animal à un minimum de défiance vis-à-vis des adultes inconnus, même au sein de sa propre espèce). En général, ce type de timidité s'efface au fur et à mesure que l'enfant grandit et s'habitue à la fréquentation d'adultes ou d'enfants inconnus. Pour un certain nombre de sujets cependant, le trouble persiste, se manifestant par l'évitement des contacts et le repli sur soi. Les causes principales de cette « timidité-peur des autres » sont alors :

— *La nouveauté :* personnes inconnues, tâche inhabituelle à accomplir, environnement non familier, tous ces facteurs sont de nature à déclencher les manifestations de timidité. Par contre, au fur et à mesure que la dimension de nouveauté n'est plus prépondérante et que le sujet s'est familiarisé avec les personnes, les tâches ou les environnements, les comportements timides tendent à régresser (par mécanisme d'habituation).

— *L'intrusion :* chez l'enfant dans sa première année, tout mouvement d'approche trop rapide est susceptible de déclencher de l'inquiétude. Il en est de même chez les adultes timides : être surpris alors que l'on ne s'y attend pas peut engendrer une émotion désagréable. Mais ce

1. R. A. Thomson et S. P. Limber, *Social anxiety in infancy*, *in* D. Leitenberg (éd.), *Social and evaluation anxiety*, New York, Plenum Press, 1990.

sentiment d'intrusion peut aussi concerner la sphère psychologique : devoir parler de soi, répondre à des questions intimes, ou en poser, est alors une source d'inconfort.

— *Le jugement social :* à un âge un peu plus tardif (à partir de 3 ans), les enfants prennent progressivement conscience de l'importance du jugement des autres personnes sur leurs qualités et leurs défauts. Le sentiment de non-conformité sociale représente le dernier mécanisme susceptible de générer de la timidité-peur des autres. Le sujet tend alors à s'interroger plus qu'il ne faudrait sur la manière dont il va être perçu par ses interlocuteurs, surtout si ceux-ci lui paraissent, à tort ou à raison, dotés de qualités dont il ne dispose pas. Même en l'absence de rejet de la part de leurs semblables, la souffrance des enfants porteurs de différences physiques (handicap, couleur de la peau, lunettes...) vient souvent de ce sentiment d'altérité douloureuse et non choisie.

b) Timidité et peur de soi. Cette forme de timidité est caractérisée par l'importance des phénomènes liés à la conscience de soi. Ce qui caractérise les sujets qui en souffrent, c'est l'intensité de la gêne et de l'embarras ressentis lors de l'exposition au regard d'autrui. L'homme semble être le seul animal doté d'une conscience développée de son image sociale, le seul capable de se percevoir comme objet social, soumis à l'évaluation de ses semblables. Ce phénomène semble émerger chez l'enfant à partir de 5 ans[1], âge moyen à partir duquel des préoccupations ou de la gêne liés au regard ou au jugement d'autrui peuvent apparaître. Dans son essai sur *L'être et le néant,* Jean-Paul Sartre a parfaitement décrit « cette présence immédiate et brûlante du regard d'autrui qui l'a souvent rempli de honte », et « la présence sans distance d'autrui à moi ». Il souligne clairement combien la présence d'un tiers peut modifier fondamentalement

1. A. H. Buss *et al.*, The development of embarrassment, *Journal of Psychology,* 1979, 103, 227-230.

notre rapport au monde : « Avec le regard d'autrui, la situation m'échappe ou, pour user d'une expression banale, mais qui rend bien notre pensée : je ne suis plus maître de la situation. » Ce qui va alors embarrasser le sujet timide, ce sera le fait de se retrouver en point de mire des regards, d'être au centre de l'attention. Cette focalisation de l'attention sur soi-même pourra provenir de caractéristiques personnelles différenciant nettement la personne de son entourage : être pâle parmi les bronzés, gros parmi les minces, pauvre parmi les riches, en tenue de soirée dans une assemblée en jeans, homme dans un congrès de féministes... Elle pourra également provenir de certains comportements jugés inadéquats par rapport aux codes supposés exister : avoir le bon accent, les bons sujets de conversation ou se servir des bons couverts dans un repas mondain... Elle pourra enfin être liée à la crainte de la survenue de certaines manifestations corporelles : odeurs ou bruits du corps, manifestations d'embarras comme tremblements ou rougissements. Ce type de crainte est éminemment dépendant des cultures dans lesquelles évolue le sujet timide : on sait par exemple qu'au Japon existe toute une codification subtile des différentes façons de regarder son interlocuteur ou de lui sourire. Le timide japonais redoute fréquemment de ne pas sourire ou regarder de la bonne façon.

Dans tous ces cas, le sentiment de vulnérabilité sous le regard observateur d'autrui est alors porté à son comble. Et au bout du compte, ce n'est plus tant les autres, leurs jugements ou leurs attitudes, que le timide redoute, mais plutôt lui-même, et la manière dont il va se comporter, ou avoir du mal à contrôler ses propres réactions de gêne ou d'émotivité. Tout se passe comme si, dans les situations sociales, il se noyait dans cet « être pour autrui » décrit par Sartre.

3. **Les situations redoutées par le sujet timide.** — Celles-ci sont de caractère social, la timidité n'existant bien sûr

qu'en référence à autrui, même si l'évocation de scènes passées ou à venir est susceptible de déclencher de l'inconfort, en l'absence de tout interlocuteur.

Pour simplifier, on pourrait dire que le sujet timide redoute :

— les *situations nouvelles* (effectuer un nouveau travail, rencontrer de nouvelles personnes...) ;
— les *rencontres avec des personnes impressionnantes* (de par leur statut social : supérieurs hiérarchiques ou personnalités prestigieuses aux yeux du sujet) *ou troublantes* (personnes de sexe opposé, ou pour qui le sujet ressent de l'attirance...) ;
— les *prestations à effectuer sous le regard d'un groupe.*

Une autre classification proposée répartit les situations angoissantes en quatre catégories[1] :

— les situations où il existe une *performance* à accomplir dans le cadre d'une interaction plus ou moins formalisée (passation d'examen, prestation à effectuer devant un public...) ;
— les situations où le sujet va devoir *se révéler* et parler de lui dans le cadre d'une interaction informelle (lors d'une invitation à dîner avec des inconnus, ou d'une relation sentimentale...) ;
— les situations où il va falloir *défendre ses droits* face à une autre personne (faire une réclamation dans un magasin, donner un avis oppposé à celui de son interlocuteur...) ;
— les situations où l'on doit *supporter le regard d'autrui* (marcher, écrire, manger tout en étant regardé...).

Selon les cas, les sujets timides redouteront une ou plusieurs de ces familles de situations.

1. C. S. Holt *et al.*, Situational domains of social phobia, *Journal of Anxiety Disorders,* 1992, 6, 63-77.

Tableau 3. — **Les situations redoutées par les sujets timides**

Famille de situations	*Exemples de situations*
Accomplir une performance face à un public ou des interlocuteurs impressionnants	Parler en public, passer un examen oral ou un entretien d'embauche...
Initier ou conduire des échanges dans un cadre informel	Échanger des banalités, répondre à des questions intimes...
S'affirmer, prendre des initiatives, défendre ses droits personnels	Demander quelque chose, refuser, faire une réclamation...
Effectuer des gestes simples sous le regard d'autrui	Marcher, écrire, travailler en étant observé...

4. **Les manifestations de la timidité.** — Celles-ci vont s'inscrire dans plusieurs dimensions, principalement :

— *Les manifestations à caractère physiologique :* rougissement, tremblements, moiteur des mains, palpitations cardiaques, sensations vertigineuses plus ou moins prononcées sont autant de symptômes fréquemment ressentis par les timides en situation. Nous sommes ici dans le registre de ce que l'on appelle « l'émotivité ». Plus de la moitié des sujets timides rapportent ce type de manifestations lorsqu'ils sont amenés à décrire spontanément leur timidité[1].

— *Les manifestations à caractère comportemental :* évitements de situations redoutées, ou inhibition et maladresse lorsque le sujet s'y trouve confronté, l'imagerie populaire sur la timidité, retrouvée dans de nombreux films comiques, a toujours mis l'accent sur cette dimension comportementale. Oscillant de l'acceptation passive des événements à la tentative maladroite pour garder le contrôle sur la situation, le timide ainsi caricaturé est aisé-

1. J. M. Cheek et A. K. Watson, The definition of shyness, *Journal of Social Behaviour and Personality,* 1989, 4, 85-95.

ment reconnaissable à la précipitation et la gaucherie de ses gestes, à son débit verbal accéléré et chaotique...

— *Les manifestations à caractère psychologique :* les doutes sur soi-même, les craintes vis-à-vis du jugement d'autrui, la construction sans cesse renouvelée de « scénarios-catastrophe » sont les éléments les plus souvent rencontrés de ce que l'on nomme familièrement le « manque de confiance en soi ». C'est fréquemment avec cette demande que de nombreux sujets viennent consulter.

Selon la *prédominance de l'une ou l'autre de ces dimensions*, la timidité va prendre un caractère spécifique : parfois c'est l'émotivité qui sera au-devant du tableau, plus ou moins facilement identifiable par l'interlocuteur. D'autres fois, la timidité passera totalement inaperçue, se résumant à un chaos de pensées autodévalorisantes soigneusement dissimulées, ou à des hésitations multiples avant la moindre initiative.

5. **La timidité au quotidien.**

A) *Stabilité de la timidité.* — La timidité se caractérise par une certaine stabilité dans ses manifestations : elle représente donc une manière d'être, un style relationnel prévisible, même si ses manifestations sont parfois sujettes à fluctuations. Chez un même sujet, certaines situations pourront être affrontées avec une audace inhabituelle, puis redevenir impressionnantes le lendemain. Des variantes subtiles expliquent ce type de phénomène : l'âge de l'interlocuteur, son attitude bienveillante ou non, la présence d'autres personnes, etc. De manière générale, la timidité se caractérisera par une tendance à l'inhibition relationnelle lors des premiers contacts, associée à une relative lenteur des conduites de familiarisation : il faut du temps à un timide pour être à l'aise...

B) *La perception du timide par son entourage.* — Les études portant sur la manière dont le sujet timide est perçu en première approche par les autres concluent toutes de manière assez négative : les personnes timides sont jugées, lors d'un premier contact avec des interlocuteurs inconnus, moins amicales, moins détendues, moins équilibrées, moins douées que les autres[1]... Sans doute faut-il nuancer ces travaux par la capacité de nombreux sujets timides à être secondairement adoptés et appréciés par leur entourage. Il n'en reste pas moins que, comme bien d'autres en matière de timidité, ces observations rappellent que *la timidité reste fondamentalement un handicap*. D'autant plus que l'acceptation et la bienveillance dont sont l'objet les timides sont souvent conditionnelles : ils sont appréciés en partie parce qu'ils ne dérangent pas, ne demandent pas grand-chose, disent rarement non, ne contredisent pas, etc.

Désavantagé lors des premiers contacts, le sujet timide peut ensuite manifester une certaine aisance dans les milieux où il se sent en sécurité. C'est ce qui explique que certains parents puissent totalement méconnaître les difficultés de leurs enfants timides ; ou que certains sujets parfaitement à l'aise dans un environnement donné s'inhibent complètement dès qu'ils changent de contexte. Il en est de même des rôles sociaux : un médecin plein d'assurance face à ses patients peut se révéler timide et mal à l'aise dans une soirée où il ne connaît que peu d'invités. La disparition des initiatives personnelles est le premier symptôme de la réémergence de la timidité : le sujet cesse d'initier les contacts, de prendre la parole spontanément, de proposer des idées...

C) *Timidité et organisation de vie*. — Trois trajectoires s'offrent, *grosso modo*, au timide :

a) L'acceptation de sa timidité, voire même l'utilisation de celle-ci afin de recueillir affection, protection et bienveillance de la part de l'entourage. Ce type d'attitude est plus facile à adopter de la part des femmes : notre société associe en effet volontiers les qualités classiquement attribuées à la timidité (douceur, soumission, sentimentalité...)

1. W. H. Jones et B. N. Carpenter, *Shyness, social behavior and relationships*, *in* W. H. Jones (éd.), *Shyness, perspectives on research and treatment*, New York, Plenum Press, 1986.

à celles de la féminité. Nombre d'hommes trouvent ainsi volontiers charmantes les femmes timides, ce d'autant qu'il est plus facile de séduire une personne qui doute d'elle-même et qui a du mal à dire non...

b) Le déni et la fuite en avant, dans ce que l'on appelle des *attitudes contra-phobiques*. Ainsi, choisir une profession particulièrement exposée au regard d'autrui, comme celles d'enseignant, de commercial ou de journaliste. Il est frappant de constater le nombre de confessions d'artistes ou de stars du petit écran avouant être ou avoir été de grands timides[1].

c) La résignation et la souffrance à devoir vivre une timidité mal acceptée et mal gérée semblent cependant être le lot de la plupart des sujets timides : solitude sentimentale, difficulté à conduire une carrière professionnelle pleinement satisfaisante, faible réseau relationnel... Le poète Pablo Neruda écrivait ainsi : « La timidité est une condition étrange du cœur, une catégorie, une dimension qui débouche sur la solitude. C'est aussi une souffrance dont on ne peut se défaire, comme si l'on avait deux épidermes et que la deuxième peau intérieure s'irritait et se contractait devant la vie. » Par ailleurs, la corrélation entre timidité et *faible estime de soi* est systématiquement retrouvée. De toutes les formes d'anxiété, c'est l'anxiété sociale qui est la plus fortement corrélée à un risque important de dépression[2].

D) *Les qualités du sujet timide.* — La timidité n'est pas une maladie : elle permet à l'individu de développer un certain nombre de qualités et d'aptitudes compatibles avec une vie satisfaisante. Il est même possible, mais les études manquent à ce sujet, que la timidité soit de nature à développer des capacités d'écoute et d'empathie, un réel respect de l'autre, une conscience professionnelle de haut niveau, etc. Bon nombre de sujets timides ont sans doute

1. E. Dumont, *Timides un peu, beaucoup*, Paris, Anne Carrière, 1994.
2. F. Davies *et al.*, The relationship between types of anxiety and depression, *Journal of Nervous and Mental Diseases,* 1995, 183, 31-35.

une qualité de vie satisfaisante. Par ailleurs, nous l'avons vu, nombreux sont les écrivains de toutes les époques à se déclarer timides : poussant à l'introspection, à l'observation plus qu'à l'action, la timidité facilite-t-elle le développement de certaines carrières artistiques ? Dans son recueil d'aphorismes *De l'inconvénient d'être né*, Cioran écrivait à propos de la timidité : « Un écrivain qui ne la connaît pas dans la vie ne vaut rien dans ses écrits. » Un certain degré d'inhibition et d'anxiété semble en tout cas se retrouver dans les travaux effectués sur les profils de personnalités des artistes célèbres[1]. Mais la prudence s'impose vis-à-vis de ce type d'études : l'anxiété sociale est bien plus souvent destructrice qu'elle n'est créatrice. Souvent, la vérité se situe à mi-chemin, le cas de Jules Renard en est l'exemple le plus limpide : grand timide devant l'Éternel, cet écrivain est sans doute celui qui a le plus subtilement et lucidement décrit le monde intérieur du timide dans son extraordinaire *Journal,* dont nous citerons de nombreux extraits. Ses confessions illustrent les joies et les souffrances du timide, sa lucidité dans l'observation des rapports humains, sa sensibilité et ses mécanismes de défenses, ses doutes et ses espoirs...

6. **Timidité : normale ou pathologique ?** — La timidité se situe à la frontière entre le trait de caractère et le dysfontionnement psychologique. Par certains de ses aspects externes (son extrême fréquence, son universalité, sa compatibilité avec une vie « dans les normes ») elle peut être considérée comme inhérente à la condition humaine. Par contre, vécue au quotidien, elle peut représenter un handicap et une entrave pour les sujets qui en sont atteints. Il n'est qu'à observer la floraison considérable des manuels et des méthodes, déclinant tous la gamme du « Comment vaincre sa timidité en dix leçons ». La demande des sujets timides de surmonter

1. M. Bourgeois, Psychopathologie et psychobiogenèse du génie et de la créativité, *Annales médico-psychologiques*, 1993, 151, 408-415.

leur timidité est manifeste, n'en déplaise aux adversaires d'une médicalisation ou d'une psychologisation à outrance des maux de l'âme.

II. — Les formes ponctuelles ou spécifiques de timidité

Nous décrirons ici des formes d'anxiété sociale parfois assez proches de la timidité, ou pouvant coexister avec elle, mais présentant une différence fondamentale : elles ne représentent pas une manière d'être et d'agir stable et durable, mais se manifestent de manière plus épisodique et fluctuante, liée aux circonstances.

1. Les appréhensions ponctuelles.

> « Je ne savais où j'étais ; je me collais dans l'angle de la voiture de peur de toucher la robe de Mme Rose. Lorsqu'elle me parlait, je balbutiais sans pouvoir lui répondre. Elle fut obligée de payer le postillon, de se charger de tout, car je n'étais capable de rien. Au lever du jour, elle regarda avec un nouvel ébahissement ce nigaud dont elle regrettait de s'être emberloquée... »
>
> (Chateaubriand, *Mémoires d'outre-tombe.*)

Seul un très petit nombre de personnes peuvent prétendre ne s'être jamais senties intimidées dans leur vie. La majorité d'entre nous a eu l'occasion d'approcher, au moins de manière ponctuelle, ce que peut être la timidité. En effet, l'anxiété sociale peut se reproduire de manière quasi expérimentale : nous avons vu qu'un sujet seul face à un groupe d'individus présentant des caractéristiques valorisantes dont il est dépourvu a toutes les chances de se sentir intimidé : vacancier pâle et maigrelet au milieu d'athlètes bronzés, acheteur pauvre et modestement vêtu entré par erreur dans un magasin de luxe empli de vendeurs ou d'acheteurs pleins d'élégance et de suffisance, etc. Nombre de situations sont susceptibles de provoquer chez beaucoup de personnes des sentiments d'intimidation ponctuelle, coexistant par ailleurs avec une vie sociale adaptée et satisfaisante. Nous allons le voir, ces appréhensions portent sur des domaines importants de la vie des individus : sexe, sentiments, argent, et défense de ses droits personnels.

A) *La vie sentimentale.*

> « Si par hasard, au pauvre homme que je suis... il arrivait d'être follement épris d'une femme, je ne saurais comment le lui dire ni auquel de ses signes comprendre que je pourrais me déclarer. »
>
> (Jules Renard, *Journal.*)

La *« timidité amoureuse »* qualifie les difficultés éprouvées à se rapprocher des personnes qui plaisent. Sa fréquence est probablement assez élevée, puisque les enquêtes menées sur ce thème montrent qu'environ 60 % des étudiants se déclarent potentiellement intimidés par la rencontre avec une personne de sexe opposé[1]. On peut aussi noter que lorsque les magazines grand public veulent faire leur « une » sur la timidité, c'est à peu près toujours une image illustrant la timidité amoureuse qu'ils choisissent : celle-ci montre en général un jeune homme embarrassé (rougissant, tripotant son col ou un bouquet de fleurs) n'arrivant pas à aborder une jeune femme visiblement malheureuse, mais elle aussi incapable d'initier le contact (tête baissée et regard soumis). Pour aussi désirée qu'elle soit, et justement à cause de ce désir, la rencontre avec les sujets de sexe opposé peut en effet engendrer une anxiété sociale invalidante, surtout si cette rencontre est un tête-à-tête informel, où le seul but sera de « faire connaissance ». Plus la personne en question sera l'objet d'un investissement affectif ou d'une idéalisation, plus le trouble sera grand. Mais au-delà de tels contextes « romantiques », des interactions quotidiennes peuvent aussi provoquer une gêne, lorsque certaines remarques,

1. P. G. Zimbardo, *Shyness*, New York, Addison-Wesley, 1977.

certains gestes, certains regards se verront tout à coup, que l'interlocuteur l'ait ou non voulu, chargés d'une intimité troublante.

Pour quasi-normal qu'il puisse paraître, ce type de difficulté n'en est pas moins handicapant pour les sujets qui en souffrent. Nombre de travaux américains sont ainsi consacrés à cette *dating anxiety* (littéralement, anxiété à proposer des rendez-vous). La crainte que ses sentiments ne soient décelés et mal perçus, voire même bruyamment dénoncés et rejetés, peut conduire le sujet à fuir et éviter les occasions de rencontre ou de contact avec certaines personnes, voire même à adopter des comportements (froideur, agressivité...) à l'opposé de ses sentiments ; ceci est particulièrement fréquent à l'adolescence. Le besoin de rencontres avec autrui passera alors par le recours aux petites annonces, aux serveurs Minitel, ou encore aux agences matrimoniales, dont le commerce particulièrement fructueux s'effondrerait sans doute si la timidité n'existait plus. Dans un registre légèrement plus scabreux, une enquête conduite auprès des prostituées de San Francisco montrait que celles-ci évaluaient que près de 60 % de leurs clients étaient des timides[1]...

Toutes les étapes d'une vie sentimentale épanouissante peuvent ainsi se trouver entravées : les relations informelles quotidiennes avec les personnes de sexe opposé, les occasions d'échanges ou de rapprochement plus intimes, et bien sûr les rapports sexuels. On retrouve en effet dans la population des sujets timides un nombre important de personnes souffrant de difficultés sexuelles. Une étude conduite auprès de jeunes adultes montrait que 35 % des garçons et 25 % des filles ressentaient une forte anxiété vis-à-vis de la sexualité[2]. Beaucoup de problèmes de

1. P. G. Zimbardo, *Shyness, op. cit.*
2. T. J. Bruce et D. H. Barlow, *The nature and role of performance anxiety in sexual dysfonction, in* D. Leitenberg (éd.), *Social and evaluation anxiety, op. cit.*

sexualité paraissent très nettement corrélés à ce phénomène.

Un autre fait frappant, et fréquemment retrouvé, concerne les profils psychologiques des agresseurs sexuels : il semble que ceux-ci soient assez fréquemment des individus isolés, peu à l'aise avec leurs semblables, peu capables d'établir des contacts avec leur entourage[1]. D'autres composantes interviennent bien sûr dans de tels comportements, mais nous sommes déjà bien loin de l'image d'Épinal d'une timidité bénigne...

B) *L'argent.*

> « L'homme qu'on sait timide est dans la dépendance de tous les fripons. »
>
> (Beaumarchais.)

Un autre thème particulièrement fréquent est celui de l'argent : nombre de personnes s'avèrent profondément incapables d'aborder ce sujet, même lorsque leurs intérêts sont en cause. Négocier des honoraires, oser demander une augmentation à son patron, ou une remise à un commerçant, tout comme réclamer à une connaissance la restitution d'une somme d'argent prêtée voilà longtemps, tout ceci n'est facile que pour un petit nombre d'individus. Certains métiers sont plus particulièrement exposés : les cas d'artisans ou d'artistes éprouvant les pires difficultés à obtenir leurs honoraires sont connus de tous les spécialistes de l'anxiété sociale. Très fortement liées à des contraintes culturelles spécifiques (« l'argent sale » des sociétés judéo-chrétiennes), les appréhensions gravitant autour de l'argent sont plus fréquentes lorsque le sujet doit défendre ses intérêts propres, tandis qu'il lui est en général plus facile de parler au nom d'autrui : la peur d'être jugé négativement est alors moindre. Notons à ce propos que les sujets victimes de formes

1. D. Grubin, Sexual murder, *British Journal of Psychiatry,* 1994, 165, 624-629.

extrêmes d'anxiété sociale, comme la phobie sociale, présentent un statut social et financier en moyenne plus bas que celui de la population générale[1].

C) *La défense des intérêts personnels.*

> « L'homme vraiment libre, c'est celui qui sait refuser une invitation à dîner sans donner de prétextes. »
>
> (Jules Renard, *Journal.*)

De manière plus générale encore, la défense de ses intérêts au quotidien est l'objet de nombreux comportements de timidité ponctuelle. Réclamer à ce que l'on nous change un plat au restaurant, demander le remboursement d'un article défectueux, faire cesser le bruit chez son voisin, refuser de rendre un service dérangeant, exprimer un point de vue opposé à celui d'un interlocuteur ou d'un groupe, prendre une initiative face à quelqu'un d'intimidant... sont des comportements susceptibles d'éveiller un certain degré de malaise et d'inconfort. Dans de telles circonstances, il est fréquent d'observer des attitudes d'évitement ou d'inhibition (la démarche n'est pas accomplie, ou l'est de manière très peu efficace), et parfois d'agressivité (la démarche est effectuée de manière sèche et cassante). Ces situations représentent en effet des situations de *stress relationnel*, et il est logique d'y retrouver la fameuse réaction de fuite ou de combat *(fight or flight response),* certes inscrite dans notre patrimoine génétique, mais hélas particulièrement inadaptée aux interactions sociales. C'est pour pallier ce type de difficultés relationnelles qu'a été développé depuis la fin des années 60 le concept d'Affirmation de Soi[2]. S'affirmer, c'est être capable d'exprimer ce que l'on

1. J. R. Davidson *et al.*, The epidemiology of social phobia, *Psychological Medicine,* 1993, 23, 709-718.
2. R. E. Alberti et M. L. Emmons, *Your perfect right*, San Luis, Impact Publishers, 1970.

souhaite, pense, ressent, de manière calme et efficace, sans anxiété ni agressivité. Or, l'expérience montre que les comportements relationnels les plus fréquents chez les sujets stressés oscillent entre l'inhibition et l'agressivité, tandis que les attitudes affirmées sont beaucoup plus rares que l'on ne pourrait le penser, du moins dans les domaines que nous venons de décrire. Les capacités à s'affirmer permettent de communiquer efficacement dans les situations relationnelles stressantes, nous le verrons plus loin.

2. **Le trac.**

> « Neuf juillet. Exposition. Guitry. Nous parlons de nos ministres. Nous aimons ce sujet. Il me dit que Waldeck-Rousseau est un timide, timide jusqu'à l'impassibilité, et que, quand il prononce d'un ton calme un de ses discours, il tremble en dedans, et qu'il sue à changer de tout dès que son ordre du jour est voté. C'est le plus intelligent de tous... »
>
> (Jules Renard, *Journal.*)

A) *Définition et caractéristiques.* — L'étymologie du mot « trac » est obscure ; dérive-t-il de la même racine que « traquer », illustrant ainsi le sentiment d'être aux abois, ou de « tracas », soulignant la part de l'anticipation anxieuse caractéristique du trac ? Ce qui est sûr, c'est que le terme a commencé à être très largement utilisé au XIXe siècle dans les milieux étudiants et artitistiques pour désigner la peur spécifique de la prestation face à un jury ou un public. Le trac est en effet étroitement associé à la notion d'anxiété de performance : il survient lorsqu'un sujet accomplit une prestation face à une ou plusieurs personnes, et que la crainte de cette situation va déclencher en lui un ensemble de symptômes physiques (palpitations, tremblements...), psychologiques (sensation de tête vide, d'idées embrouillées et incontrôlables...) et comportementaux (bafouillage, gestes crispés...), de nature à altérer sa performance.

Absolument non repérable en dehors des situations

qui le déclenchent, le trac comporte très souvent un *caractère anticipatoire* : il est en général beaucoup plus intense avant, que pendant ou après l'action. En effet, le fait d'agir et de se « jeter à l'eau » libère nettement la plupart des sujets traqueurs. Cependant, ce n'est pas toujours le cas : parfois, comme chez les phobiques sociaux, l'angoisse de la prestation face au public augmente inexorablement au fil des minutes, et le trac finit par aboutir à une crise de panique paralysante. Les principales manifestations redoutées par les sujets traqueurs sont[1] :

— trembler ou montrer un signe d'anxiété (80 %) ;
— faire quelque chose d'embarassant (65 %) ;
— avoir la tête vide (60 %) ;
— perdre le contrôle de soi et se ridiculiser en faisant ou disant quelque chose d'absurde ou de ridicule (60 %).

B) *Fréquence*. — Le trac est particulièrement répandu dans la population : la plupart des études montrent que 30 à 40 % des adultes ressentent une très forte appréhension lorsqu'ils doivent parler devant un groupe. De nombreux enfants et adolescents ressentent le même type de difficultés, notamment en milieu scolaire lors des interrogations et des examens oraux. Pour invalidant et gênant qu'il soit, le trac est tout de même compatible avec un certain degré de réussite scolaire ou professionnelle (encore qu'il interdise l'accès aux professions ou fonctions impliquant de nombreuses prises de parole en public). Mais il est des cas où il peut se révéler catastrophique pour l'individu : tous les professionnels de la performance en savent quelque chose. Les musiciens et les comédiens, ainsi que les sportifs sont fréquemment amenés à ressentir un trac invalidant. Certaines enquêtes ont par exemple pu montrer que près d'un musicien professionnel sur cinq souffre de trac ; celui-ci est d'ailleurs

1. M. B. Stein *et al.*, Public-Speaking fears in a community sample, *Archives of General Psychiatry*, 1996, 53, 169-174.

considéré comme un problème, puisque parmi les musiciens qui en souffrent, la plupart d'entre eux ont entrepris des traitements[1].

C) *Trac et performance.* — Souvent assimilé à une « anxiété de performance », le trac entretient des rapports complexes avec le stress : ce dernier se définit par l'ensemble des manifestations présentes chez un sujet lorsqu'il doit s'adapter à des exigences de son environnement[2]. On retrouve dans le trac la même problématique que celle du stress : trop ou trop peu de trac peuvent s'avérer inadéquats, le rendement optimum étant obtenu pour une dose de trac « médiane ».

C'est le sens de l'anecdote célèbre de Sarah Bernhardt répondant à une jeune actrice qui lui déclarait ne jamais avoir le trac : « Cela vous viendra avec le talent. » Mais, si le trac peut mobiliser les ressources d'un individu, il peut aussi les désorganiser. Cela va dépendre de diffé-

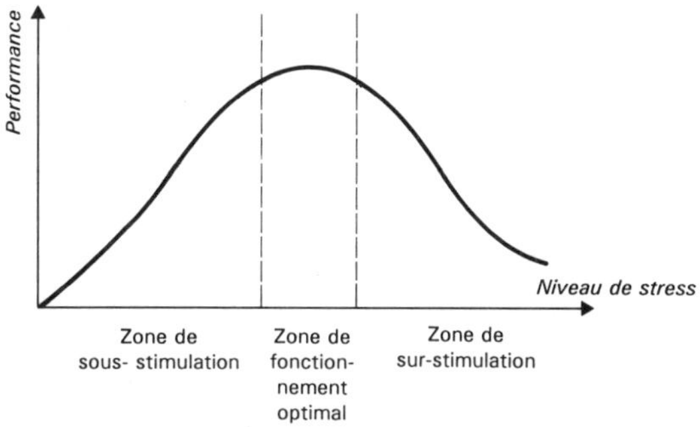

Fig. 1. — Le rapport stress-performance
(d'après Yerkes et Dodson, 1908).

1. R. B. Wesner *et al.*, The occurrence of performance anxiety among musicians, *Journal of Affective Disorders,* 1990, 18, 177-185.
2. C. André *et al., La gestion du stress*, Paris, Morisset, 1995.

rents facteurs, encore incomplètement élucidés. Il semble par exemple que le cocktail trac et confiance en soi puisse déboucher sur une performance optimale, le trac jouant alors un rôle d'activateur. Mais ceci n'est pas vrai dans tous les contextes, et ce type d'équation s'avère sans doute plus juste pour les sportifs que pour les musiciens : chez ces derniers, l'engagement dans l'action est plus canalisé (performances motrices très fines) et discontinu (fréquence des pauses et temps morts dans la prestation, propices au développement des anticipations anxieuses).

3. **L'éreuthophobie.**

> « Qu'une personne déclare en ma présence : On a volé mon parapluie, et tout aussitôt, je me trouble, je change de couleur. Moi qui, pourtant, ne peux souffrir les parapluies, qui ne m'en sert jamais, qui ne pourrais avoir la moindre distraction à l'égard de ces instruments ! Oui, je prends instantanément un “air de circonstance”, un air qui ne peut manquer de paraître louche à tous les yeux. J'éprouve le besoin de me disculper. Je bredouille. J'improvise deux ou trois histoires, parfois mensongères, pour établir que j'ignorais l'existence de ce parapluie, que j'étais absent quand ce parapluie a disparu... »
>
> (Georges Duhamel, *Le Journal de Salavin.*)

A) *Définition.* — Du grec *éreuthos*, rouge, l'éreuthophobie, ou peur de rougir, reste une des formes les plus singulières d'anxiété sociale. Elle illustre à merveille comment la « peur des autres » qui caractérise la timidité peut en fait s'avérer aussi une véritable « peur de soi ». En paraphrasant la célèbre phrase de Sartre dans *Les mains sales*, on pourrait affirmer que pour l'éreuthophobe, l'enfer, c'est le regard des autres sur son rougissement. En effet, le problème ne vient pas seulement du rougissement, fréquent chez bon nombre de sujets, mais surtout de la focalisation de l'éreuthophobe sur son rougissement.

Le rougissement est d'ailleurs le symptôme emblématique de la timidité chez l'humain : aucune autre espèce ne présente ce type de manifestation associée à de l'appréhension ou de l'embarras.

B) *Caractéristiques.* — L'éreuthophobie recouvre tout un ensemble de manifestations complexes, dont voici les plus importantes caractéristiques :

— *Incontrôlabilité :* le rougissement est incontrôlable, et au contraire aggravé par les tentatives de contrôle. Plus le sujet s'efforce de ne pas rougir, plus il se focalise sur son trouble et s'en inquiète, et plus il amplifie celui-ci, en augmentant son niveau d'activation émotionnelle.

— *Caractère parasitant des interactions sociales :* une fois apparu, le rougissement est l'objet d'un surinvestissement de la part du sujet, qui va alors éprouver le plus grand mal à poursuivre correctement l'échange dans lequel il était engagé, se focalisant sur son trouble (« ce n'est pas normal », « ça recommence », « que va-t-on penser de moi ? ») au lieu de se consacrer à l'interaction en cours.

— *Imprévisibilité :* le rougissement, à l'origine associé aux situations embarassantes, finit par survenir de manière anarchique, même en l'absence de tout enjeu émotionnel. Le sujet éreuthophobe peut rougir même sans être observé, par exemple au téléphone, ou en songeant à une scène embarrassante.

— *Caractère honteux :* bien que cela puisse apparaître étrange et disproportionné à un observateur extérieur, rougir face à autrui représente pour l'éreuthophobe le pire des déshonneurs. Le sujet est alors persuadé que l'interlocuteur va aussitôt développer toute une série de considérations dévalorisantes à son sujet : « Une personne qui rougit est une personne sans valeur, sans personnalité, sans intérêt, sans force, sans virilité (pour les hommes), amoureuse de son interlocuteur (pour les femmes)... » C'est pourquoi de nombreux stratagèmes de dissimulation vont être utilisés par les éreuthophobes :

maquillage ou longues mèches de cheveux, cols roulés même en été pour masquer les rougeurs du décolleté, rideaux tirés pour assurer une pénombre protectrice, pseudo-éternuements pour se cacher le visage dans un mouchoir, voire fuite précipitée loin des regards indiscrets...

— *Caractère obsédant :* on peut alors comprendre comment la crainte de rougir face à autrui prend chez ces sujets une allure obsessionnelle, et des proportions parfois mal comprises par l'entourage, chaque circonstance sociale pouvant devenir l'objet d'une évaluation : « Cette situation risque-t-elle de me faire rougir devant les autres ? » Nous l'avons vu, cette polarisation finit d'ailleurs par devenir en elle-même un des principaux facteurs déclenchants du rougissement.

C) *Mécanismes psychologiques.* — Beaucoup de sujets éreuthophobes sont au début persuadés que leur trouble a une origine hormonale ou circulatoire. Un auteur du début du siècle[1] racontait comment on avait obtenu la guérison (hélas transitoire !) d'un patient obsédé par son rougissement en lui faisant croire qu'on avait procédé sur lui à une saignée, destinée à le débarrasser d'un excès de sang ! Les choses sont bien sûr plus complexes, et l'éreuthophobie illustre en fait très bien l'importance des phénomènes psychologiques dans certaines anxiétés sociales. Le fonctionnement psychologique type du sujet éreuthophobe peut être résumé comme suit :

— le sujet est d'abord persuadé que le moindre rosissement de son visage ou de son décolleté est visible de l'extérieur (« ma gêne se lit sur mon visage »),
— il pense que cela va être repéré par l'interlocuteur (« tout le monde va rapidement le remarquer »),
— il en déduit ensuite que son interlocuteur va attribuer à ce rougissement un jugement de valeur négatif (« ce

1. P. Hartemberg, *Les timides et la timidité*, Paris, Alcan, 1910.

n'est pas anodin, ils vont voir que je suis faible et vulnérable »),

- il est persuadé que ce jugement de valeur va aboutir à des comportements de rejet, plus ou moins ironiques ou méprisants (« ils vont me le faire remarquer, me dominer ou me rejeter »),
- convaincu du caractère inéluctable de cet enchaînement, il en conclut qu'il vaut mieux tout faire – et donc tout fuir – pour éviter ça (« tout plutôt que rougir devant les autres »).

D) *Éreuthophobie et entourage.* — Comme les autres manifestations d'anxiété sociale, l'éreuthophobie connaît tous les degrés d'intensité, de la gêne discrète ressentie par les individus sujets à rougir mais qui ne renoncent pas pour autant à affronter les situations sociales, au profond désarroi ressenti par ceux pour qui le rougissement est une démonstration de faiblesse. Le rougissement est souvent un sujet de plaisanteries et de taquineries de la part de l'entourage, et le timide rougissant est une figure emblématique de l'anxiété sociale, dans ses portraits filmés ou dessinés[1]. Les éthologues et les spécialistes des communications non verbales nous rappellent à juste titre qu'un individu qui pâlit est jugé autrement plus inquiétant que le même sujet rougissant. Selon eux[2], la pâleur associée à l'activation du système nerveux sympathique signalerait un individu prêt à passer à l'acte (et ce de manière éventuellement agressive), tandis que le rougissement, correspondant à l'activation du système nerveux parasympathique, indiquerait que le sujet a déjà dépassé l'instant paroxysmique de préparation à l'action, et se trouve donc en quelque sorte être relativement inoffensif, plus noyé dans ses émotions que mobilisable par elles... La pratique du bon vieux sport

1. Sempé, *Marcellin Caillou*, Paris, Gallimard, 1982.
2. D. Morris, *La clé des gestes*, Paris, Grasset, 1978.

qui consiste à faire rougir les éreuthophobes (« si, si, je t'assure, tu as rougi... ») n'est donc pas prête de s'éteindre !

III. — Les formes pathologiques

Si la timidité et ses formes dérivées peuvent déboucher sur un handicap, que dire alors de certaines de ses formes extrêmes, qui représentent des maladies psychologiques particulièrement sévères ? L'étude des « phobies sociales » et des « personnalités évitantes » est relativement récente. Même si le terme de phobie sociale remonte au début du siècle, sous la plume du psychiatre français Pierre Janet[1], ces pathologies n'ont commencé à être systématiquement prises en compte que depuis les années 70.

1. **La phobie sociale.** — La timidité est à la phobie sociale ce qu'une entorse est à une fracture : certains des symptômes peuvent apparaître proches à l'observateur non averti, mais il s'agit dans le second cas d'une affection bien plus préoccupante, et dont l'évolution sera plus menaçante[2].

Ces deux familles de troubles se différencient notamment sur deux points :

— *L'intensité des symptômes :* face à certaines situations sociales, ce qui n'est dans la timidité qu'une appréhension ou un inconfort devient dans la phobie sociale un véritable sentiment de panique.

— *L'omniprésence des évitements :* pour éviter ces accès de panique dans les situations sociales, le phobique va avoir tendance à systématiquement éviter ou fuir celles-ci, là où le timide sera souvent capable de les affronter, même si ce n'est pas d'une façon satisfaisante à ses yeux.

1. P. Janet, *Les névroses*, Paris, Flammarion, 1909.
2. C. André et P. Légeron, La phobie sociale : approche clinique et thérapeutique, *L'Encéphale,* 1995, 21, 1-13.

A) *Définition et principales caractéristiques.* — Une définition classique de la phobie sociale est donnée par le manuel diagnostique de l'Association américaine de psychiatrie[1], actuellement un des plus utilisés de par le monde :

— Peur persistante d'une ou plusieurs situations (situations sociales phobogènes) dans lesquelles le sujet est exposé à l'éventuelle observation attentive d'autrui et dans lesquelles il craint d'agir de façon humiliante ou embarrassante (par exemple, être incapable de continuer à parler en public, avoir peur de s'étrangler en mangeant en face d'autrui, ne pas arriver à uriner dans des toilettes publiques, avoir peur de trembler en écrivant en présence d'autres personnes, de dire des bêtises ou d'être incapable de répondre à des questions dans des situations sociales).

— La ou les situations phobogènes sont évitées, ou vécues avec une anxiété intense.

— Les conduites d'évitement interfèrent avec le fonctionnement professionnel ou avec les activités ou relations sociales habituelles. Il peut exister un sentiment de détresse à l'idée d'avoir une peur de ce type.

— Le sujet reconnaît la nature excessive ou irrationnelle de ses craintes.

On peut distinguer des formes spécifiques (limitées à une ou deux situations redoutées) ou généralisées (l'ensemble des situations sociales à affronter, en dehors du cercle des personnes proches, est l'objet des craintes phobiques).

La fréquence de la phobie sociale est considérable : elle concernerait, dans ses formes les plus sévères, environ 2 à 4 % de la population générale[2]. Certaines études épidémiologiques montrent que près de 10 % de la population

1. American Psychiatric Association, *Manuel diagnostique et statistique des troubles mentaux,* 4e éd., trad. franç. par J. D. Guelfi *et al.*, Paris, Masson, 1996.

2. J.-P. Lépine, Diagnosis and epidemiology of social phobia, *European Neuropsychopharmacology*, 1993, 3, 186-187.

pourrait souffrir de formes moins intenses de phobies sociales, mais toutefois très invalidantes[1]. Vue sous cet angle extensif, la phobie sociale représenterait alors la troisième pathologie mentale par ordre de fréquence, juste derrière la dépression et l'alcoolisme.

B) *La phobie sociale au quotidien.* — Le handicap social et la souffrance individuelle représentent le lot de la phobie sociale au jour le jour.

a) Handicap social. La phobie sociale s'accompagne systématiquement d'un dysfonctionnement social majeur[2]. Du fait de l'intensité de l'angoisse ressentie face aux situations sociales les plus bénignes (échange de regards avec une personne assise en face de soi, conversation banale avec un commerçant, invitation à un repas ou à une soirée...), la vie du phobique social est extrêmement compliquée, faite d'une multitude d'évitements. Comment ne pas avoir à converser avec un boulanger, ne pas croiser tel collègue dans les couloirs, ne pas avoir à effectuer de présentation orale, ne pas se trouver dans l'ascenseur avec un voisin ?... Les stratagèmes déployés pour échapper aux interactions quotidiennes ne passent pas toujours inaperçus de l'entourage, mais en général le sujet phobique social n'est que rarement perçu comme un timide. La plupart du temps, il donne plutôt l'image d'un personnage froid, distant, peu à l'aise, aux conduites bizarres, parfois carrément désagréable ou impoli, surtout quand son statut social le lui permet. Rousseau décrit bien ce phénomène dans ses *Confessions* : « Ma sotte et maussade timidité, que je ne pouvais vaincre, ayant pour principe la crainte de manquer aux bienséances, je pris pour m'enhardir le parti de les fouler aux pieds. Je me fis cynique et caustique par honte ; j'affectais de mépriser la politesse que je ne savais pas pratiquer. »

1. J. R. Davidson *et al.*, The boundary of social phobia : exploring the treshold, *Archives of General Psychiatry*, 1994, 51, 975-983.
2. F. Schneier *et al.*, Functional impairment in social phobia, *Journal of Clinical Psychiatry*, 1994, 55, 322-331.

Tout ceci dérive souvent du désir, ou plutôt du besoin, éprouvé par le sociophobe de maintenir les possibles interlocuteurs à distance, afin de ne pas être observé et évalué de trop près. La recherche, et même le plaisir du contact humain, perceptibles chez le sujet timide, ne sont plus ici identifiables par les interlocuteurs, qui vont du coup avoir peu tendance à aller vers de tels individus. La proportion de sujets célibataires ou séparés est d'ailleurs très importante dans la population des phobiques sociaux. Leur cursus scolaire et professionnel est également moins bon que celui de la population générale, en raison bien sûr de leurs difficultés à affronter toutes les étapes de ce qui représente pour eux une cauchemardesque course d'obstacles : examens oraux, entretiens d'embauche, relations avec des collègues de travail, etc. Près de 90 % des patients phobiques sociaux estiment que leur trouble a un effet défavorable sur leurs aptitudes professionnelles.

b) Souffrance individuelle. L'étude des complications et de la comorbidité (existence d'autres pathologies mentales associées) de la phobie sociale en dit long sur le degré de souffrance entraîné par ce trouble. De très nombreux buveurs excessifs (environ 10 à 50 % selon la plupart des études) s'avèrent en fait des phobiques sociaux, chez lesquels l'alcool est utilisé comme un anxiolytique, leur permettant d'affronter un peu mieux le monde environnant. Plus de 70 % des sociophobes consomment des tranquillisants, pourtant peu efficaces dans leur cas. De manière générale, les troubles anxieux sont considérablement plus fréquents chez les phobiques sociaux, de même que le risque de dépression et de suicide[1]...

c) Évolution. La phobie sociale débute le plus souvent à l'adolescence, même si certaines formes peuvent débuter dès l'enfance. Un adulte phobique social n'a pas toujours été un enfant timide, il a parfois pu être au contraire un pitre ou un leader ; mais il a presque toujours été un

1. J.-P. Lépine, Aspects épidémiologiques actuels des phobies sociales, *Thérapie comportementale et cognitive*, 1994, 4, 105-107.

enfant anxieux. Des débuts plus tardifs, à l'âge adulte ou après la quarantaine existent, mais ils correspondent le plus souvent à des phobies sociales latentes, qui ne se manifestaient pas uniquement parce que le sujet évoluait dans un microcosme particulièrement stable et protégé : la maladie apparaît alors à l'occasion d'un changement existentiel majeur (divorce, départ des enfants pour les mères au foyer, mutations professionnelles ou déménagements...).

Une fois apparues, les manifestations de la phobie sociale sont remarquablement tenaces, et n'ont qu'une très faible tendance à la rémission spontanée, contrairement aux discours lénifiants de certains entourages, pour qui « tout ça passe avec l'âge »... L'organisation de vie des sujets phobiques sociaux aggrave en général le processus : plus ils évitent les situations sociales, plus celles-ci conservent un potentiel angoissant et déstabilisant. Sur le plan psychologique, le sociophobe vit en permanence dans la conviction que toute situation sociale recèle un danger potentiel (d'agression, de moquerie ou de dévalorisation). Il a tendance à interpréter tout comportement neutre ou même positif en provenance de l'entourage comme étant porteur d'intentions hostiles ou sarcastiques (un silence est perçu comme un temps où on le juge, un sourire comme de l'ironie ou de la condescendance, une question comme une tentative de déstabilisation...). C'est ce qui explique que, contrairement au sujet timide, le phobique social ne soit pas toujours rassuré par la répétition des contacts avec les personnes de son entourage : c'est même parfois l'inverse qui se produit, le sociophobe pensant que, plus les autres le connaissent, plus ils peuvent s'apercevoir de ses difficultés, et le juger défavorablement. De même, par rapport au sujet traqueur pour qui l'anxiété est maximale avant la performance, et décroît ensuite très vite dans l'action, le phobique social voit son trouble augmenter et le paralyser progressivement tout au long de sa prestation orale.

Toutes ces difficultés expliquent combien l'angoisse du

rapport humain finit par éteindre le désir d'une vie relationnelle normale, pourtant présent chez tous les sujets phobiques sociaux.

d) Médecins, psychologues et phobiques sociaux. Pour aussi invraisemblable que cela puisse paraître, la phobie sociale a longtemps été méconnue des soignants. Confondue avec la timidité, ou assimilée à la schizoïdie, elle n'était pas étudiée et prise en charge de manière rigoureuse. Ce n'est que depuis les années 70 que quelques équipes spécialisées se sont penchées sur elle, mais elle restait encore jusqu'à une date récente un « trouble méconnu »[1]. Mais un immense travail d'information reste à faire en direction des praticiens de terrain. Trop souvent, la phobie sociale n'est pas diagnostiquée (on évalue à seulement 4 % la proportion des sociophobes qui reçoivent un diagnostic et un traitement adaptés à leur pathologie). L'Association mondiale de psychiatrie s'est attelée récemment à cette tâche[2] ; il faut souhaiter que ses efforts portent leurs fruits, pour que cesse la grande solitude des phobiques sociaux.

2. **La personnalité évitante.** — Encore mal connue, la personnalité évitante représente une façon d'être, de penser et d'agir dans les situations sociales, caractérisée par la méfiance, la vulnérabilité, et des évitements systématiques et rationnalisés.

A) *Définition.*

a) Caractéristiques principales. Si l'on se réfère aux critères du DSM IV dont nous avons parlé plus haut, la personnalité évitante se caractérise par :

— Un mode général d'inhibition sociale, de sentiment de ne pas être à la hauteur et d'hypersensibilité au jugement négatif d'autrui apparaissant au début de l'âge adulte.

1. M. R. Liebowitz *et al.*, Social phobia : review of a neglected anxiety disorder, *Archives of General Psychiatry*, 1985, 42, 729-736.

2. World Psychiatric Association Social Phobia Task Force, *Pocket reference to social phobia*, Londres, Science Press, 1995.

— Le sujet présente au moins quatre des manifestations suivantes :

— évite les activités sociales ou professionnelles qui impliquent des contacts importants avec autrui, par crainte d'être critiqué, désapprouvé ou rejeté,
— réticent à s'impliquer avec autrui, à moins d'être certain d'être aimé ou apprécié,
— réservé dans les relations intimes par crainte d'être exposé à la honte ou au ridicule,
— inhibé dans les situations interpersonnelles nouvelles à cause d'un sentiment de ne pas être à la hauteur,
— se perçoit comme socialement incompétent, sans attrait ou inférieur aux autres,
— particulièrement réticent à prendre des risques ou à s'engager dans de nouvelles activités par crainte d'éprouver de l'embarras.

b) Les rapports avec la phobie sociale. On le voit, les similitudes de la personnalité évitante avec la phobie sociale sont nombreuses, et les symptômes en sont très proches. Mais il existe pourtant des différences :

— La première se situe dans le *rapport du sujet avec ses difficultés* : comme tous les troubles de la personnalité, la personnalité évitante est un trouble égo-syntonique, c'est-à-dire que le patient accepte ses symptômes comme faisant partie intégrante de sa personne et de son caractère. Et donc, se montre assez rarement motivé pour faire des efforts de changement personnel, à moins d'y être contraint par l'entourage ou certains événements, pas plus qu'il ne se montre demandeur d'aide ou de soins. Tandis que la phobie sociale est un trouble égo-dystonique, dans lequel le sujet souffre de ses symptômes, et les considère comme une entrave à son épanouissement personnel.

— La deuxième différence réside dans le *caractère « projectif » de la personnalité évitante* : là où le phobique social tend à se dévaloriser en s'attribuant une part prépondérante de responsabilité dans ses difficultés (« je ne suis pas à la hauteur dans les relations avec les autres... »), le sujet à la personnalité évitante va plutôt adopter une attitude inverse, en attribuant à ses interlocuteurs, ou au genre humain en général, la responsabilité des difficultés de dialogue (« les gens ne font pas d'efforts pour se tourner vers les autres... »).

Mais la proximité des deux troubles est si grande qu'il est bien possible que les personnalités évitantes ne représentent en fait que des formes sévères ou évoluées de phobie sociale. La fréquence de la personnalité évitante avérée serait assez faible dans la population générale, environ 1 % des sujets[1]. Mais les formes mineures sont sans doute beaucoup plus répandues.

B) *La personnalité évitante au quotidien.* — Le sujet à la personnalité évitante a fait sienne la célèbre citation de Plaute : « L'homme est un loup pour l'homme. » Sa vision du monde est celle d'un univers marqué par le peu de fiabilité des autres personnes, l'inutilité des efforts de communication, la déception inéluctable qui va suivre tout investissement affectif. Tout ceci n'étant bien sûr que la manifestation d'une vulnérabilité extrême à tout ce qui peut représenter une rejet ou une désapprobation, et témoignant d'une grande exigence sur ce que devraient idéalement être des rapports humains dignes de ce nom. Comme dans la phobie sociale, les situations sociales sont redoutées et peuvent entraîner un certain degré d'angoisse ; mais plus encore que dans la phobie sociale, ces situations sont très méthodiquement évitées, soit par le biais de la procrastination (tendance à remettre systématiquement au lendemain les démarches à accomplir), soit de manière souvent subtile et discrète, sous de très nombreux et fallacieux prétextes : se rendre à une soirée est inutile, fatiguant, et inintéressant ; parler à ses voisins risque de les rendre envahissants par la

1. M. Zimmerman et W. H. Corryel, Diagnosing personality disorders in the community, *Archives of General Psychiatry*, 1990, 47, 527-531.

suite ; faire une demande à un supérieur hiérarchique pourrait bien contrarier celui-ci, etc. La fonction de ces rationalisations est manifeste : il s'agit d'éviter l'autodévalorisation, si fréquente chez le phobique social, et même chez le timide, en présentant les évitements comme une conduite logique et librement choisie. Vu la pauvreté de la vie et de ses gratifications chez les personnalités évitantes, ce que les psychanalystes appellent la « menace dépressive » est en effet permanente chez eux, et tous les moyens sont donc bons pour la combattre. Y compris se mentir à soi-même, à l'image du renard de La Fontaine, dans la fable *Le renard et les raisins*. Ne pouvant atteindre malgré ses efforts les raisins convoités, placés sur une treille trop haute, le renard se console comme il peut, se disant à lui-même : « Ils sont trop verts, et bons pour des goujats »...

C) *Personnalité ou maladie de la personnalité ?* — Comme la timidité, la personnalité évitante semble se situer à la limite entre pathologie et fonctionnement « normal ». Mais cette normalité n'est que de façade. Et l'absence de demande d'aide qui est souvent la règle ne doit pas être prise pour un signe rassurant. Si la santé physique peut être définie comme « la vie dans le silence des organes », la santé mentale n'est pas seulement l'absence de plaintes ou de symptômes. L'univers d'amertume et de solitude qui est le lot des personnalités évitantes peut-il être considéré comme résultant d'un libre choix de l'individu ? Peut-on prétendre renoncer à quelque chose que l'on n'est en fait pas capable d'atteindre ? Peut-on connaître un équilibre et un agrément de vie tout en fuyant sans se l'avouer des relations authentiques avec nos semblables, tout en ayant une vision profondément négative et désenchantée de la nature humaine ? Mais les questions ne s'arrêtent pas là : les médecins et psychologues sont-ils en droit de juger pathologiques des comportements qui ne font pas l'objet de demande d'aide de la part de ceux qui en sont porteurs ? Surtout (ce qui n'est pas le cas de tous les troubles de la personnalité) lorsque les personnes concernées ne font de mal à personne d'autre qu'elles-mêmes ?

Toutes ces questions dérangeantes sont soulevées par les personnalités évitantes. Le débat est bien loin d'être clos...

IV. — Les pseudo-timidités

Nous décrirons sous cette appellation un ensemble disparate de pathologies ou de tendances pouvant être prises à tort pour de l'anxiété sociale, ou pouvant coexister avec elle. La seule homogénéité de ces troubles est de pouvoir être l'objet de demandes de soins pour timidité ou anxiété sociale, alors que c'est de tout autre chose qu'il s'agit. C'est ce que les médecins appellent un « diagnostic différentiel ».

1. **L'agoraphobie.** — L'agoraphobie est un trouble anxieux invalidant, dans lequel le sujet va redouter de s'éloigner de chez lui ou de tout lieu considéré comme familier et sécurisant, par crainte de présenter un malaise grave (pouvant l'amener à la mort ou à la folie). Parmi les endroits que l'agoraphobe redoute tout particulièrement figurent de nombreux lieux publics et fréquentés (d'où l'appellation de ce trouble, agoraphobie signifiant étymologiquement « peur des lieux publics »), et dont il peut être malaisé de s'échapper rapidement, comme les grands magasins, les cinémas, les transports en commun, les soirées mondaines... L'évitement par le sujet agoraphobe de tels contextes peut donner l'impression qu'il redoute les contacts sociaux ; ce d'autant plus qu'il se sent souvent dévalorisé à l'idée que l'on ne décèle son malaise. Mais le plus souvent, cela ne va pas plus loin, et les sujets agoraphobes sont tout à fait capables et désireux d'établir des liens nombreux et étroits avec le maximum de personnes de leur entourage. Il faut

cependant savoir que les deux maladies peuvent être associées : certains travaux montrent que près d'un phobique social sur deux présentera des manifestations agoraphobiques durant son existence. La difficulté vient sans doute de la manière de recueillir les données dans les enquêtes épidémiologiques : si cela se passe par le biais de questionnaires, les risques de confusion augmentent, car les situations redoutées sont souvent les mêmes, alors que les mécanismes des craintes diffèrent fondamentalement. Historiquement, il faut d'aillleurs noter que les premiers travaux d'individualisation de la phobie sociale ont été conduits à partir de la différentiation avec l'agoraphobie.

2. **La schizoïdie.** — Il s'agit ici d'un trouble de la personnalité, dont une définition est proposée par le DSM IV :

— Mode général d'indifférence aux relations sociales, et de restriction des capacités d'expression émotionelle, apparaissant au début de l'âge adulte, et comportant au moins quatre des manifestations suivantes :

— ne recherche ni n'apprécie les relations proches, y compris les relations intrafamiliales ;
— choisit presque toujours des activités solitaires ;
— dit (ou ne semble) rarement ou jamais ressentir des émotions fortes, telles que la colère ou la joie ;
— ne manifeste que peu ou pas de désir d'avoir des expériences sexuelles avec d'autres personnes ;
— semble indifférent aux critiques ou aux éloges d'autrui ;
— n'a pas d'amis ou de confidents proches (ou seulement un) en dehors des parents de 1er degré ;
— fait preuve d'un émoussement des affects (par exemple est distant, froid, ne répond que rarement aux gestes ou aux expressions mimiques tels que les sourires ou hochements de tête).

On le voit, la différence est notable avec les troubles apparentés à la timidité : le sujet schizoïde n'a pas envie de lier un contact avec autrui (à la différence du timide ou du sociophobe) et s'avère relativement indifférent au jugement d'autrui (à la différence de la personnalité évitante). Mais parfois, les évitements sociaux de tels sujets peuvent être compris à tort comme des manifestations d'anxiété sociale.

Ce n'est pas pour autant que ces évitements ne doivent pas être pris en compte, car il a été démontré que l'isolement social était défavorable à la santé mentale de ces patients, et pouvait même favoriser d'éventuelles tendances délirantes. Il est cependant difficile de les aider à développer ce que l'on nomme leurs « compétences sociales », vu leur très faible motivation de départ.

3. **Les autres pathologies.**

A) *Dépression.* — Il est habituel que les patients déprimés présentent un certain degré de retrait et de repli social, qui fait d'ailleurs partie intégrante des symptômes de la dépression. Certaines formes de dépression, dites « dépressions atypiques », sont même marquées par une vulnérabilité accrue dans les rapports interpersonnels, et une sensibilité importante à la critique et à tout ce qui peut être perçu comme du rejet ou de la désapprobation. Mais les autres symptômes dépressifs (tristesse intense, permanente et invalidante, incapacité à mener à bien ses activités habituelles, même non sociales, etc.) permettent assez facilement de faire la différence. Nous avons vu cependant que la dépression venait souvent compliquer le cours de l'existence de nombreux timides et phobiques sociaux. Le traitement de la dépression devra alors précéder celui de la phobie sociale.

B) *Dysmorphophobie.* — La dysmorphophobie consiste en la conviction d'être porteur d'un défaut ou d'une malformation physique (nez trop long, oreilles trop grandes, etc.) chez une personne dont l'aspect physique est jugé normal par les autres. Elle peut aussi être le fait de préoccupations excessives et démesurées par rapport à un léger « défaut » physique (silhouette, calvitie, etc.). Elle peut conduire la personne à un certain nombre d'évitements sociaux, et au sentiment que l'entourage se focalise sur l'observation du défaut présumé. Ce n'est pas ici sur l'ensemble de sa personne que le sujet craint de se voir défavorablement jugé, mais simplement sur un détail. Il est alors persuadé que si ce détail était corrigé, tout s'arrangerait (ce qui n'est pas toujours évident, les chirurgiens plasticiens peuvent en témoigner). Certaines éreuthophobies sont assez proches de ces mécanismes de pensée (« il n'y aurait plus aucun problème si je pouvais ne pas rougir »). La psychothérapie des sujets dysmorphophobes est très délicate : si la dimension d'anxiété sociale doit toujours être prise en compte, d'autres difficultés sont aussi rencontrées, ayant trait à l'estime de soi, à l'image du corps, qui vont en général allonger la durée de la thérapie.

C) *Handicap*. — Il arrive que des personnes porteuses de handicaps variés, comme une boiterie, une malformation faciale, un bégaiement[1], présentent secondairement à leur handicap un certain degré d'anxiété sociale, pouvant les conduire à redouter le regard d'autrui. On retrouve fréquemment dans leur passé des souvenirs de moqueries ou d'humiliations, réelles ou perçues, qui ont alimenté leurs appréhensions. Il s'avère souvent nécessaire d'aider ces personnes à surmonter cette anxiété sociale, qui bien évidemment aggrave la gêne liée au problème initial.

D) *Paranoïa sensitive*. — Une forme particulière de paranoïa, décrite au siècle dernier par le psychiatre allemand Kraeppelin, concerne des sujets vulnérables, introvertis, très « affectifs », portés à « ressentir la moindre

1. M. B. Stein, Social phobia in adults with stuttering, *American Journal of Psychiatry*, 1996, 153, 278-280.

sympathie comme absolue et la moindre réserve comme trahison »[1]. Ces personnes, vivant souvent isolées, sont parfois sujettes à des « délires de relation » tournés vers des voisins ou des proches ; comme tous les délires paranoïaques, ceux-ci sont marqués par une tendance interprétative des moindres faits et gestes de l'entourage, mais sur un mode moins combatif et revendicant que la paranoïa « classique ». La timidité apparente masque chez ces sujets une très grande vulnérabilité. Les modalités du traitement impliquent souvent un recours aux médicaments psychotropes.

4. **Les traits de caractère.**

A) *Estime de soi et confiance en soi.* — L'estime de soi est une notion assez délicate à définir précisément, mais qui gravite autour de l'image que le sujet se fait de lui-même et de ses capacités. Elle est très liée à l'environnement affectif et éducatif reçu dans l'enfance, et aux renforcements positifs reçus de la part des parents. Une *estime de soi déficiente* est retrouvée dans beaucoup de troubles psychologiques, dont la timidité et l'anxiété sociale, mais cela n'est pas systématique. En effet, un certain nombre de personnes timides souffrent plus simplement d'un *manque de confiance en soi* : elles ont une vision plutôt positive de leurs capacités, et sont capables de se reconnaître des qualités. Mais elles évaluent assez défavorablement leurs potentialités à agir efficacement dans les situations sociales. C'est sans doute à partir du fonctionnement mental de tels sujets que beaucoup d'auteurs ont pu parler de « l'orgueil des timides », décrivant une exagération de ce phénomène perceptible chez certains, qui se réfugient dans une autorevalorisation forcenée pour compenser les frustrations vécues au quotidien. Parlant de la femme d'Alphonse Daudet, Jules Renard

1. G. Lanteri-Laura *et al.*, Paranoïa, *Encyclopédie médico-chirugicale de psychiatrie,* 37299 D 10, 1985.

note ainsi dans son *Journal* : « Mme Daudet était une toute petite fille à la table d'Hugo. Elle n'osait rien dire, par crainte sans doute d'être confondue avec les pimbêches qui entouraient le maître. Au fond, cette timidité, c'était de l'orgueil... »

B) *Introversion.* — Les définitions des dictionnaires font de l'introversion une tendance à « être attentif seulement à son moi, à soi et non au monde ». Les psychologues complètent le tableau en décrivant un introverti comme un individu réservé et distant, sauf avec ses amis, contrôlant étroitement ses sentiments et l'expression de ceux-ci. La plupart des travaux montrent une forte corrélation entre timidité et introversion. Mais ce sont deux dimensions en partie indépendantes : un introverti peut fort bien ne pas être timide, et rester silencieux et réservé par goût et non par angoisse, sans en ressentir la moindre frustration. Il est même possible que certains sujets timides soient fondamentalement des extravertis, ne révélant cette dimension de leur personnalité que dans des environnements favorables et sécurisants. Beaucoup de parents d'enfants timides décrivent ceux-ci parfaitement à l'aise et volubiles au sein de leur famille.

C) *Misanthropie.* — Au milieu du XVIIe siècle, le mot misanthrope désignait (aussi) une chaise roulante étroite sur laquelle on ne pouvait se tenir qu'à une personne... De nos jours, un misanthrope est une personne qui manifeste de l'aversion pour le genre humain, et se montre de caractère sombre, aimant la solitude et évitant la société. Le misanthrope dit, et semble, avoir effectué un choix : plutôt la solitude (ou la compagnie des animaux domestiques) que la compagnie des autres hommes. Mais le débat est ici le même qu'autour de la personnalité évitante : peut-on croire jusqu'au bout à ce type de discours ? Rappelons ici ces lignes cruelles de Cioran : « Tout misanthrope, si sincère soit-il, rappelle par moments ce vieux poète cloué au lit et complètement oublié, qui, furieux contre ses contemporains, avait décrété qu'il ne voulait plus en recevoir aucun. Sa femme, par charité, allait sonner de temps en temps à la porte... » Le discours du misanthrope n'est-il pas surtout porteur d'une souffrance soigneusement cachée ? Que penser, au bout du compte, de la vie « de ces misanthropes qui haïssent tout le monde, et qui ne s'aiment pas eux-mêmes » (Scarron) ? Amertume, solitude, aptitude à la déception : l'examen attentif des écrits des grands écrivains réputés misanthropes met en évidence de fortes tendances à la dépressivité, et évoque le plus souvent de nombreux traits de personnalité évitante. Mais une telle lecture n'est sans doute pas le meilleur moyen de profiter de leur génie...

Chapitre II

MÉCANISMES ET ORIGINES

Multiforme dans ses expressions, l'anxiété sociale l'est aussi dans ses mécanismes et ses origines. La question est compliquée par le fait que, souvent, les chercheurs ne travaillent pas sur la même chose : l'un va aborder la timidité sous l'angle de l'inhibition comportementale chez l'enfant, pendant qu'un autre travaillera sur l'accélération du rythme cardiaque chez le sujet traqueur, tandis qu'un troisième ne s'intéressera qu'aux formes sévères et pathologiques que sont les phobies sociales. D'où la richesse mais aussi l'hétérogénéité des données disponibles : faut-il persister à les présenter ensemble, ou serait-il préférable de séparer ce qui relève de la timidité de ce qui relève de la phobie sociale, par exemple ?

En effet, il est possible que la phobie sociale ne soit pas seulement une forme sévère de timidité, avec une angoisse beaucoup plus forte et des évitements plus impératifs, mais qu'elle représente une classe de trouble distincte, de par ses mécanismes biologiques, ses modes de transmission familiaux, etc. De même, le trac et la timidité, s'ils peuvent être associés, représentent des familles de difficultés comportant de nombreuses différences.

Mais, d'un autre côté, de grandes similitudes, notamment sur les plans psychologiques (l'anxiété d'évaluation) et comportementaux (les évitements) plaident en faveur d'un rassemblement de ces manifestations sous l'appellation générique d'anxiété sociale.

Aucun argument décisif ne permet à ce jour de soutenir l'un ou l'autre de ces choix, regroupement fédérateur ou différenciation spécifique. Nous avons donc choisi de faciliter une compréhension globale du phénomène, en réunissant l'ensemble des connaissances disponibles sur le thème général de l'anxiété sociale.

I. — Les mécanismes de l'anxiété sociale

Les mécanismes de l'anxiété sociale s'imbriquent un peu à la manière des poupées gigognes : au cœur, un noyau dur, reposant sur le trouble quasi animal que peut parfois susciter en nous le regard d'autrui ; autour de cette tendance instinctive, un système de pensée basé sur la crainte du jugement qui peut exister derrière ce regard ; enfin, complétant ce dispositif et verrouillant en quelque sorte le système, se positionnent les comportements du sujet, notamment l'évitement et l'inhibition. Finalement, trois craintes vont se superposer : crainte du regard, crainte du jugement, crainte de la confrontation.

1. **Crainte du regard.** — Être regardé n'est anodin pour personne. Le fait d'être regardé par autrui déclenche en nous, sans que nous en soyons conscients, tout un ensemble de réactions physiologiques discrètes : signes d'éveil à l'électro-encéphalogramme, accélération du rythme cardiaque[1]... Il faut savoir que chez la plupart des mammifères, la *fixité du regard* représente souvent un préliminaire à l'agression : le fait de regarder fixement un singe rhésus dans les yeux déclenche une fois sur deux une réaction d'attaque de sa part. On peut également obtenir des réactions d'inquiétude semblables chez le chien. Chez l'homme, divers travaux ont abouti

1. Les références de ce paragraphe sont extraites de J. Corraze, *Les communications non-verbales,* Paris, PUF, 1983.

aux mêmes conclusions : si par exemple un expérimentateur se place à un feu rouge sur le trottoir, et fixe les conducteurs à l'arrêt, ceux-ci redémarrent beaucoup plus vite que ceux qui ne sont pas regardés, après avoir manifesté tout un ensemble de comportements témoignant de leur embarras (mouvements et manipulations diverses dans leur habitacle...). On sait que de nombreux conflits interpersonnels peuvent être déclenchés par le simple fait d'affronter et de soutenir le regard d'autrui, ainsi que l'ont montré des études sur les supporters de clubs sportifs.

Présentes chez chaque individu, ces réactions sont probablement encore plus sensibles chez les personnes présentant de l'anxiété sociale. De fait, il a été possible de montrer expérimentalement que la *tendance à éviter le regard* de l'interlocuteur était assez bien corrélée au degré de la gêne éprouvée. Si l'on place au cours d'une expérience des individus en situation d'échec, ceux-ci vont supporter un temps de contact visuel avec l'expérimentateur deux fois moins élevé que ceux que l'on aura fait réussir.

Nous l'avons vu, toutes les situations redoutées par l'anxieux social ont en commun d'exposer le sujet au regard d'autrui. Il est très probable que pour les anxieux sociaux, le regard représente un stimulus particulièrement susceptible de déclencher de l'inquiétude et de l'inconfort, et que leur seuil de perception d'un regard comme trop fixe ou trop investigateur est situé beaucoup plus bas que chez l'individu non anxieux social. Dans certains cas assez rares, la phobie du regard est plus fondamentalement encore une phobie des yeux, les sujets ayant même du mal à supporter leur propre regard dans un miroir.

2. **Crainte du jugement.** — Même si elle s'enracine dans une certaine « animalité », l'anxiété sociale n'en est pas moins un phénomène dans lequel les manifestations psychologiques sont prédominantes.

Tableau 4. — **Les caractéristiques psychologiques des sujets anxieux sociaux**
(adapté de Cheek et Melchior, 1990)

Les sujets anxieux sociaux :

1) Ont le sentiment que toute interaction sociale va avoir un caractère évaluatif.
2) Anticipent que leur comportement va être inadéquat, et qu'ils seront évalués négativement.
3) Sont persuadés qu'il existe des bonnes et des mauvaises façons de se comporter en situation sociale.
4) Sont trop préoccupés de ce qui se passe en eux, et pas assez attentifs à l'échange en cours.
5) Cherchent à adopter une façon d'être « normale et naturelle » conforme à la situation en jeu, au lieu de chercher à être eux-mêmes.
6) Tendent à suivre ce qui est dit ou fait, et à s'y conformer, plutôt qu'à proposer ou à prendre l'initiative.
7) Se critiquent pour leurs échecs, mais attribuent leurs réussites à des causes externes à eux-mêmes.
8) Se souviennent plus facilement de leurs échecs et difficultés que de leurs réussites.
9) Se jugent plus négativement que les autres ne les jugent.
10) Acceptent les commentaires négatifs sur leurs performances, mais sont réticents envers les commentaires positifs.

Un certain nombre de modèles théoriques sont à même d'éclairer l'ensemble de ces manifestations psychologiques inhérentes à la crainte du jugement d'autrui. Nous en présenterons ici les principaux.

A) *Le modèle de l'anxiété d'évaluation.* — Pour de nombreux auteurs, la timidité repose avant tout sur une anxiété d'évaluation : le timide est mal à l'aise face à autrui parce qu'il redoute d'être jugé et évalué, et qu'il craint que cette évaluation ne soit défavorable. Toutes les anxiétés d'évaluation ne sont pas directement des anxiétés sociales : c'est le cas pour la peur des examens écrits ou des tests psychologiques. Mais les anxiétés sociales sont très souvent des anxiétés d'évaluation, passant par la crainte du regard d'autrui.

Sans toujours s'en rendre clairement compte, le sujet timide a alors tendance à surévaluer à la fois l'acuité de ce regard et la sévérité du jugement associé. Le regard d'autrui est alors porteur d'une vigilance attentive, sondant les recoins et les faiblesses du timide. Du moins ce dernier en est-il persuadé : marcher devant une terrasse de café bondée sera perçu comme un examen de psychomotricité ou d'élégance, bavarder avec un voisin de table inconnu correspondra à un test de niveau culturel ou intellectuel...

Cette crainte peut ne se nourrir de rien : même en l'absence de réactions critiques de l'entourage, la hantise du jugement est toujours présente à l'esprit du sujet timide. De même, si toute action ou tout propos est un objet de préoccupations (« l'ai-je bien dit ou bien fait ? »), leur absence même peut faire douter le timide, comme l'illustre cette phrase cruelle du *Journal* de Jules Renard, expert en la matière : « Il ne disait rien, mais on voyait bien qu'il pensait des bêtises... »

Cette crainte du regard d'autrui n'existe pas de façon isolée, et il est manifeste qu'elle est corrélée à la perception par le sujet anxieux social d'une vulnérabilité personnelle, ce à quoi renvoie le modèle théorique suivant.

B) *Le modèle de la double évaluation.* — Ce modèle théorique est dérivé des travaux sur le stress[1] : il postule que les sujets timides perçoivent toute situation sociale comme stressante, et qu'ils procèdent face à elle à une double évaluation. Une évaluation primaire, qui concerne la façon dont le sujet perçoit la situation, le degré d'exigence qu'elle présente, ses éventuels aspects menaçants ou incontrôlables. Une évaluation secondaire, qui concerne quant à elle la représentation que va se faire le sujet de ses capacités à affronter de manière satisfaisante et honorable la situation stressante.

1. R. S. Lazarus et S. Folkman, *Stress, appraisal and coping,* New York, Springer, 1984.

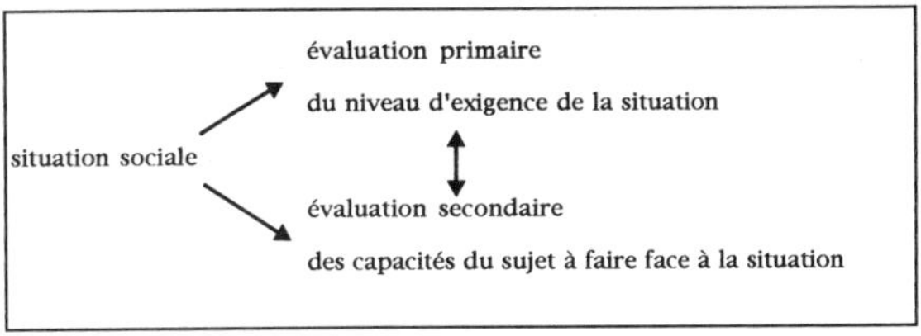

Fig. 2. — Le modèle de la double évaluation (d'après Lazarus et Folkman, 1984).

Par exemple, un conférencier devant effectuer une prestation face à un public va d'abord procéder à une évaluation (primaire) des exigences ou des menaces de la situation : le public est-il bienveillant ou critique ? Quel accueil a été fait aux conférenciers précédents ?, etc. Puis, il va procéder à l'évaluation (secondaire) de ses capacités à faire face : maîtrise-t-il bien son exposé ? Est-il calme ou au contraire déjà très tendu ? A-t-il déjà affronté avec succès des contextes similaires ?, etc. C'est le résultat de la mise en balance de ces deux évaluations qui va déterminer l'existence ou non d'une anxiété sociale, et en déterminer le caractère bénin ou excessif.

Il est fréquent que les sujets anxieux sociaux aient tendance à fortement biaiser ce type d'évaluation, en surévaluant systématiquement les dangers présents dans les situations sociales, et en sous-estimant considérablement leurs capacités et leurs performances.

C) *Le modèle de l'image de soi.* — Ce modèle suggère que l'anxiété sociale survient lorsqu'un individu désire produire une impression favorable chez autrui, tout en redoutant fortement de ne pouvoir y parvenir : la superposition de ces deux phénomènes crée alors le malaise[1].

1. B. R. Schlenker et M. R. Leary, Social anxiety and self-presentation : a conceptualisation and model, *Psychological Bulletin,* 1982, 92, 641-669.

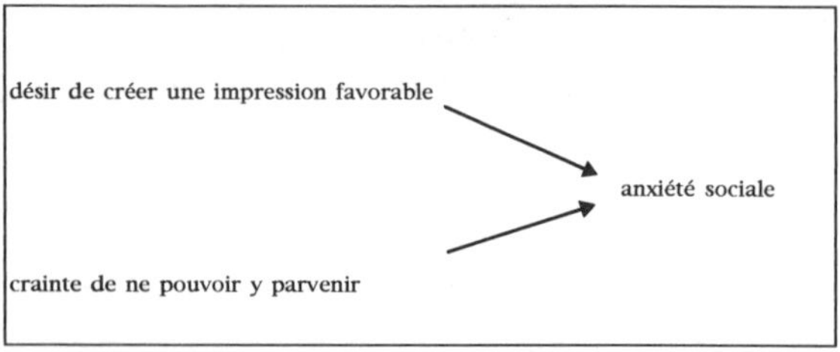

Fig. 3. — Le modèle de l'image de soi (d'après Schlenker et Leary, 1982).

L'impression favorable que le sujet souhaite donner s'applique à tous les registres sociaux possibles : compétence professionnelle, confiance en soi, capacités intellectuelles, origines sociales..., en fonction du contexte et des interlocuteurs. Le *désir de susciter une impression favorable* témoigne du très important besoin de reconnaissance et d'approbation de la part d'autrui chez l'anxieux social, qui a le plus souvent le plus grand mal à se gratifier lui-même.

La *crainte de ne pouvoir parvenir à créer cette impression favorable* témoigne quant à elle d'une vision trop élevée des critères à remplir pour être performant. Dans la plupart des cas, la barre est placée trop haut, par rapport aux capacités du sujet. Il est fréquent que les anxieux sociaux se donnent des objectifs que même des sujets non anxieux sociaux ne cherchent pas à atteindre : par exemple considérer que les critères d'un exposé en public réussi seront d'avoir intéressé absolument *tous* les auditeurs, dont *aucun* ne doit bâiller, bavarder, etc.

Ces exigences excessives, transformant toute interaction sociale en « mission impossible », ont fait penser à certains, dont les psychanalystes, que la *peur de l'échec* présente chez l'anxieux social était peut-être en fait une *peur du succès*. Craignant profondément le rapport à autrui, le sujet timide se débrouillerait inconsciemment pour l'éviter, en adoptant des conduites systématiquement inadéquates. Ce postulat ne semble en fait s'appliquer qu'à un assez petit nombre de sujets timides. Mais il souligne la grande ambivalence existant chez la plupart des anxieux sociaux, désirant nouer des contacts privilégiés, mais craignant de ne pouvoir les assumer jusqu'au bout.

D) *Le modèle de la conscience de soi.* — Nous l'avons vu, l'anxiété sociale peut dépasser le cadre d'une « peur des autres », pour parfois atteindre celui d'une « peur de soi » qui va occulter la précédente : le sujet redoute alors avant tout ses propres réactions d'émotivité ou de désarroi face au regard de l'interlocuteur. Il craint de rougir, de bafouiller, de trembler, de transpirer, de dire des bêtises...

Il le craint tellement qu'il va bien souvent passer plus de temps à s'observer et à scruter l'apparition, puis l'évolution, de telles manifestations, qu'à se consacrer à l'échange en cours ! « Quel dommage que, un peu ahuri dans le monde, uniquement soucieux de l'effet que je produis, je ne songe pas à observer », notait ainsi Jules Renard. On a pu montrer que les sujets phobiques sociaux passaient près du tiers du temps d'un échange stressant à s'auto-observer[1]. Cette focalisation du sujet sur l'ensemble des manifestations de son anxiété sociale est bien évidemment de nature à perturber encore plus sa vie sociale. Littéralement obnubilé par cette *conscience douloureuse et obsédante de lui-même*, l'anxieux social est alors porteur d'un double handicap, d'un double parasitage : d'une part les manifestations en elles-mêmes, d'autre part ce qu'il s'en dit (les « méta-cognitions »).

Vue sous cet angle, l'anxiété sociale se caractériserait par une trop grande focalisation sur soi, empêchant précisément la fluidité et la réussite de l'échange, un peu à l'image de ce qui se passerait chez quelqu'un qui voudrait observer de trop près la façon dont il marche, se montrant vigilant à mettre un pied devant l'autre, à plier le genou, à soulever le pied gauche uniquement quand le droit repose bien à

1. J. M. Cheek et L. A. Melchior, Shyness, self-esteem, and self-consciousness, *in* D. Leitenberg (éd.), *Social and evaluation anxiety, op. cit.*

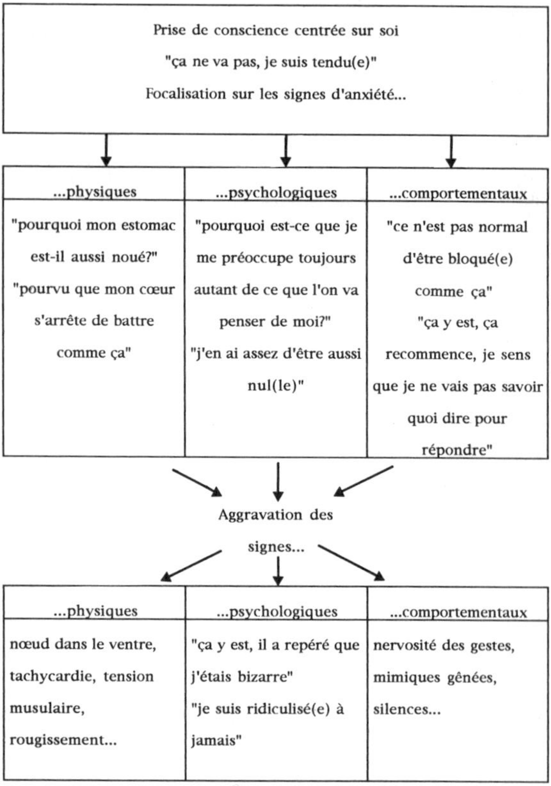

Fig. 4. — Les méta-cognitions dans l'anxiété sociale (d'après Cheek et Melchior, 1990).

plat, etc. Ce serait bien sûr le meilleur moyen pour trébucher ou tomber. Tout comme se scruter en permanence est le meilleur moyen de ne pas rentrer dans un échange, et d'augmenter son sentiment que l'on en est incapable, tout en attirant l'attention de son interlocuteur sur son malaise.

3. **Crainte de la confrontation.** — Il est bien logique qu'à partir de tout ce qui précède le sujet anxieux social en vienne à redouter d'affronter les situations relationnelles. Il a alors le choix entre deux principales stratégies : éviter ou s'inhiber.

A) *L'évitement.* — Les situations relationnelles représentent en effet pour l'anxieux social une série d'expériences aversives, de nature à lui retirer peu à peu l'envie d'aller vers les autres : quand chaque échange provoque de l'anxiété, et donne le sentiment que l'on s'est ridiculisé ou déconsidéré, il est tentant de préférer y renoncer. C'est en effet ce qui finit par se passer chez les plus atteints : les phobiques sociaux et les personnalités évitantes. Nous avons décrit à quel point leur organisation de vie est marquée par la fréquence et l'intensité des évitements sociaux.

Mais *plus on évite une situation redoutée, plus on augmente l'intensité de ses craintes*, selon le principe du renforcement négatif, bien connu des comportementalistes. Il s'agit d'un véritable nœud coulant, dont il est ensuite particulièrement difficile de se dégager.

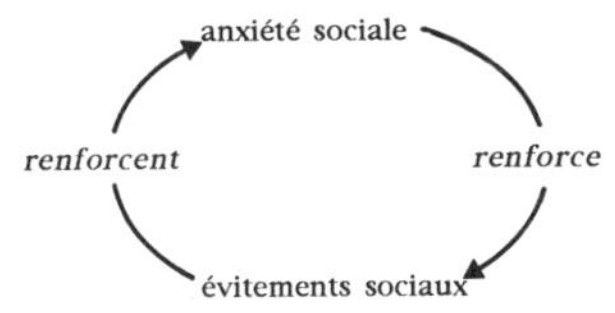

Fig. 5. — La boucle anxiété-évitement.

B) *L'inhibition.* — Cependant, la plupart des sujets anxieux sociaux, notamment les timides, arrivent à ne pas tomber dans le piège d'évitements aussi rigoureux et sytématiques. Leurs angoisses d'être rejetés ou déconsidérés étant moins violentes, ils évitent au gré des circonstances, et non de manière rigide, uniquement les situations les plus impressionnantes. Ce qui les caractérise est plutôt la confrontation aux situations, mais au travers d'un style relationnel marqué par *la réserve et l'inhibition*. Divers travaux ont ainsi pu mettre en évidence que, lors d'une discussion, les sujets timides parlaient moins, mettaient plus longtemps à répondre ou à relancer la conversation, laissaient davantage de temps de silence[1]. Ils avaient aussi tendance à moins sourire, et à moins regarder leurs interlocuteurs dans les yeux. Ces caractéristiques n'apparaissent que lors des situations stressantes, car avec un entourage relationnel sécurisant, les timides se remettent à communiquer sans inhibition, ainsi que l'ont par exemple démontré des recherches sur les enfants timides.

4. **Synthèse des mécanismes de l'anxiété sociale.** — Finalement, l'ensemble des manifestations et des mécanismes de l'anxiété sociale peut être retrouvé chez le sujet « normal » : personne n'aime être fixé du regard avec insistance, il arrive à tout le monde de s'interroger sur l'opinion que les autres peuvent avoir de nous, et nous évitons parfois d'affronter des circonstances qui nous impressionnent ou nous sont désagréables.

Mais chez les sujets pour qui l'anxiété sociale est durable ou intense ou les deux, ces mêmes phénomènes prennent une force inhabituelle, et se renforcent les uns les autres, pour aboutir à un véritable handicap, dont les étapes et les interactions sont résumées dans la figure 6.

1. R. M. Artkin, Shyness and self-presentation, *in* W. H. Jones *et al.*, *Shyness, op. cit.*

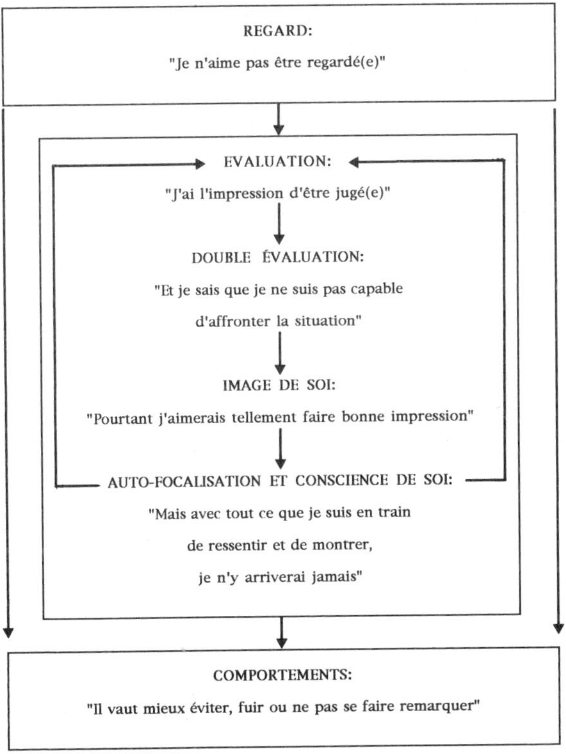

Fig. 6. — Les mécanismes de l'anxiété sociale.

II. — Les origines de l'anxiété sociale

Comme beaucoup de difficultés psychologiques, l'anxiété sociale est un trouble multifactoriel, c'est-à-dire provenant le plus souvent d'une sommation de divers facteurs étiologiques[1]. Certains plus ou moins innés et ancrés

1. R. T. Stemberger *et al.*, Social phobia : an analysis of possible developmental factors, *Journal of Abnormal Psychology,* 1995, 104, 526-531.

dans la biologie et l'hérédité ; d'autres acquis par des mécanismes individuels, familiaux ou collectifs. En matière de difficultés psychologiques, l'ère des grandes théories explicatives prétendant éclairer au travers d'un seul et unique modèle l'ensemble des pathologies, ou des manifestations d'un trouble, est révolue. Actuellement, et notamment pour l'anxiété sociale, les modèles explicatifs coexistent et se superposent, chacun expliquant plus précisément tel ou tel aspect du problème, et permettant de construire des grilles de compréhension et surtout d'intervention aussi adaptées que possible aux besoins des sujets concernés. Ces modèles variés ne prétendent pas à l'exclusivité, mais face à la grande complexité des troubles, se donnent simplement pour objectif d'en éclairer une dimension précise, renvoyant aux conceptions d'Edgar Morin sur la complexité des phénomènes vivants : « Le simple n'existe pas, il n'y a que du simplifié. »[1] Nous présenterons donc ici les principaux modèles théoriques opérationnels pour mieux comprendre les origines de l'anxiété sociale.

1. **Biologie et génétique de l'anxiété sociale.** — L'implication de mécanismes physiologiques et biologiques ne fait pas de doute lorsqu'on se penche sur certaines des manifestations de l'anxiété sociale : les symptômes physiques ressentis par les traqueurs, les éreuthophobes ou les phobiques sociaux trouvent bien leur origine dans quelque dysfonctionnement biochimique. Mais la question n'est pas close pour autant, et en entraîne un certain nombre d'autres. Ces « dérèglements » ne sont-ils que l'amplification de phénomènes normaux, existant chez tout être humain ? Sont-ils cause ou conséquence du trouble ?, etc.

A) *Biologie de l'anxiété sociale.* — Les travaux conduits en matière d'exploration biologique sont encore trop récents pour que la moindre conclusion définitive puisse

1. E. Morin, *Introduction à la pensée complexe*, Paris, ESF, 1990.

en être tirée[1]. L'implication de divers neuro-transmetteurs (dopamine et sérotonine notamment) a pu être démontrée, de légers dysfonctionnements dans le métabolisme cérébral ont pu être retrouvés par l'utilisation de techniques d'exploration comme la spectrographie par résonance magnétique. Mais ici comme ailleurs, pour la dépression ou d'autres troubles psychologiques, la question de savoir si les anomalies relevées sont une cause ou une conséquence du trouble n'est pas tranchée. Pour l'instant, aucune amélioration concrète quant à l'aide à apporter aux anxieux sociaux n'a découlé de ces travaux. Mais leur intérêt est considérable, car ils confirment que ces troubles s'enracinent dans une certaine réalité biologique à laquelle il serait vain de vouloir tourner le dos. Cela débouchera-t-il sur la mise au point de molécules efficaces pour y remédier ? Sera-t-il alors souhaitable d'y avoir recours ? Il s'agit là d'un autre débat sur lequel nous reviendrons.

B) *Le tempérament d'inhibition chez l'enfant*. — Le terme de tempérament renvoie à la prédisposition d'un sujet à adopter un certain type de réponses biologiques et comportementales aux facteurs environnementaux. Particulièrement prisé par les anciens médecins, héritiers d'Hippocrate et de Galien, le concept de tempérament était un peu tombé en désuétude dans la médecine moderne, abandonné par exemple aux homéopathes au travers de la notion de « diathèse ». A la lumière de travaux récents, le tempérament pourrait bien revenir en force dans les prochaines années[2].

Dans le domaine de l'anxiété sociale, des études particulièrement intéressantes ont été conduites, montrant qu'il pourrait bien exister une prédisposition très précoce,

1. M. E. Tancer, Neurobiology of social phobia, *Journal of Clinical Psychiatry*, 1993, 54, 26-30.
2. C. R. Cloninger *et al.*, A psychobiological model of temperament and character, *Archives of General Psychiatry*, 1993, 50, 975-990.

dès les premiers mois de la vie, à présenter une certaine anxiété face à la nouveauté, et donc face aux personnes inconnues et aux circonstances sociales inhabituelles : c'est ce que l'on a appelé le « tempérament d'inhibition comportementale devant le non-familier »[1]. A partir de travaux conduits sur plus de 1 000 enfants, suivis depuis leurs premiers mois jusqu'à l'adolescence, on a pu en effet identifier chez des enfants de 3 à 4 mois qu'un certain nombre d'entre eux (10 à 20 %) présentaient des réactions d'anxiété à la nouveauté, réactions comportementales (pleurs et agitations) mais aussi physiologiques (accélération du rythme cardiaque, dilatation pupillaire). Ces manifestations seraient corrélées à une vulnérabilité biologique particulière, impliquant une zone du cerveau nommée amygdale cérébrale, et seraient associées avec une hypersensibilité de certains neuro-transmetteurs, les catécholamines (adrénaline et noradrénaline, dites « hormones du stress »).

Cette vulnérabilité spécifique se maintient au fur et à mesure que ces enfants grandissent, puisque après plusieurs années, les ex-bébés anxieux face à la nouveauté comptent dans leurs rangs davantage d'enfants inhibés et timides. Selon les chercheurs travaillant sur ce thème, il pourrait donc exister un « terrain », prédisposant à certaines manifestations d'anxiété sociale. Le caractère congénital (présent dès la naissance) d'un tel tempérament est-il d'origine héréditaire, ou dépend-il d'événements survenus lors de la vie intra-utérine ? Rien pour l'instant ne permet de répondre avec certitude. Mais les tendances précoces sont bien là.

C) *Hérédité et anxiété sociale.* — Lorsqu'on travaille sur la façon dont des troubles psychologiques peuvent se transmettre d'une génération à l'autre, il est important de distinguer l'hérédité de l'héritabilité. La première désigne

1. J. Kagan, Temperamental contributions to social behavior, *American Psychologist,* 1989, 44, 668-674.

une transmission génétique, donc purement biologique, tandis que la seconde peut aussi comprendre une transmission comportementale, reposant sur des mécanismes éducatifs, mimétiques, etc.

En matière d'anxiété sociale, les principaux travaux concernant la transmission héréditaire du trouble ont été conduits chez les phobiques sociaux. On a ainsi pu retrouver un facteur familial net dans les phobies sociales : il existe dans les familles de sujets phobiques sociaux trois fois plus de parents phobiques sociaux que dans les populations témoins[1]. Des études conduites sur des jumeaux ont permis de confirmer qu'il existait une composante génétique à cette transmission familiale. Des données pouvant être rapprochées de ces faits ont été retrouvées dans l'étude de populations d'animaux de laboratoires : il est possible d'obtenir, par sélection génétique, des lignées de souris ou singes comportementalement « timides », se montrant craintifs face aux situations et aux individus nouveaux.

D) *Remarques sur la biologie et l'hérédité.* — Le retour en force du biologique et du génétique dans le champ des maladies et difficultés psychologiques inquiète certaines personnes, pour qui le risque d'une classification des individus dès leur naissance (ou même avant) est porteuse d'inégalité et de ségrégation. Un avis plus nuancé s'impose. La plus grande des injustices, c'est de ne pas aider aussi précocément que possible une personne vulnérable à bénéficier d'une aide pour ne pas être victime de sa vulnérabilité. Car ce que montrent de façon très claire tous les travaux dont nous venons de parler, c'est que dans l'immense majorité des cas le poids de l'inné ne se réduit qu'à des tendances : la part laissée à l'acquis est souvent fondamentale. Mais si les tendances anxieuses innées ne sont pas prises en compte et compensées par l'environnement,

1. K. S. Kendler *et al.*, The genetic epidemiology of phobias in women, *Archives of General Psychiatry*, 1992, 49, 273-281.

elles auront une forte propension à se développer, là où des mesures simples et précoces auraient pu permettre de les enrayer. C'est tout simplement le rôle dévolu à la *prévention*, encore cruellement sous-développée en psychologie et en psychiatrie.

2. **Le rôle de l'environnement familial.** — Si l'anxiété sociale comporte une importante part familiale, celle-ci n'obéit pas qu'aux seuls mécanismes héréditaires. Le bain environnemental dans lequel se développe chaque individu, de tempérament vulnérable ou non, pèse en effet d'un poids très lourd. L'environnement familial peut parfois être en grande partie à l'origine de certaines anxiétés sociales. Dans d'autres cas, il va au contraire aider un enfant vulnérable à surmonter et dominer ce qui aurait pu être un handicap. Le plus souvent, il va « colorer » l'expressivité du trouble, et donner à l'anxiété sociale ses caractéristiques spécifiques et individuelles qui font qu'aucun timide ne va ressembler totalement à un autre.

A) *Les modèles parentaux.* — On sait que de nombreux comportements peuvent s'acquérir par « apprentissage social », autrement dit par l'observation de *modèles*[1]. Nous avons vu qu'on retrouvait dans l'entourage familial des phobique sociaux trois fois plus de personnes elles-mêmes phobiques sociales. Chez les sujets timides, il est très fréquent également de retrouver des parents eux-mêmes timides. L'enfant est bien évidemment sensible aux conduites des personnes de son entourage susceptibles d'être des modèles (parents ou aînés). Leurs propres inhibitions ou évitements sont donc de nature à l'influencer, davantage que les discours d'exhortation à affronter l'inconnu. Un père poussant son fils à se faire des amis, mais en fréquentant lui-même très peu, a davantage de chance

1. A. Bandura, *L'apprentissage social*, Bruxelles, Mardaga, 1980.

de voir son rejeton imiter sa conduite que suivre ses conseils.

Il semble d'ailleurs que d'autres difficultés psychologiques chez les parents puissent faciliter la survenue d'anxiété sociale chez leurs enfants : 80 % des enfants de parents souffrant d'un trouble panique (crises d'angoisse très violentes et brutales, entraînant souvent une agoraphobie secondaire) semblent présenter des tendances à l'inhibition sociale[1].

B) *Les expériences précoces de socialisation.* — Souvent corrélées à la caractéristique précédente, la quantité et la variété des contacts sociaux proposés à l'enfant pourraient aussi jouer un rôle important. Il semble que l'on retrouve une socialisation (nombre de visites reçues ou effectuées par la famille, implication dans des activités sociales non professionnelles) moindre chez les sujets présentant une timidité. Une enquête conduite chez les enfants du personnel de l'armée de l'air américaine avait pu montrer qu'une fois devenus adultes ou adolescents, ceux-ci présentaient un taux de timidité plus bas que la moyenne, parce que les fréquents déménagements de leurs parents de base en base les avaient familiarisés et entraînés à développer une certaine aisance dans les contacts interpersonnels[2]. Une autre étude a pu montrer qu'il y avait moins de problèmes d'anxiété sociale chez les derniers-nés que chez leurs aînés, peut-être parce que les petits derniers, arrivant au sein d'une fratrie déjà constituée, et bénéficiant donc d'échanges sociaux multiples et précoces, y développent leurs compétences sociales plus facilement que n'ont pu le faire avant eux leurs sœurs ou frères aînés.

1. J. F. Rosenbaum *et al.*, Behavioral inhibition in children : a possible precursor to panic disorder or social phobia, *Journal of Clinical Psychiatry,* 1991, 52, 5-9.
2. A. H. Buss, A theory of shyness, *in* W. H. Jones *et al.*, *Shyness, op. cit.*

C) *La transmission de valeurs et d'une vision du monde.* — Les sujets souffrant d'anxiété sociale ont souvent été profondément marqués par les convictions et le discours de leur entourage familial sur les rapports humains. En écoutant les récits de patients, on retrouve la transmission, au travers de recommandations ou de conduites, de schémas de pensée tels que « il ne faut jamais déranger les gens ou faire quoi que ce soit qui puisse déclencher un conflit avec eux, ou se faire mal voir d'eux » ; ou bien « il ne faut jamais faire confiance aux gens », etc. De telles règles de conduite maintes fois répétées peuvent peser lourd dans l'apparition de difficultés relationnelles à l'âge adulte. Mais les preuves expérimentales de ces hypothèses, complexes à démontrer, manquent pour l'instant.

D) *Le style éducatif.* — Il en est de même pour la manière dont un enfant va pouvoir être valorisé et sécurisé par son entourage, ou au contraire être sans arrêt ramené à ses insuffisances et défaillances. Les problèmes d'estime de soi et de confiance en soi, fréquemment corrélés à l'anxiété sociale prennent leur source dans ce type de contextes. Le récit de pères très critiques et dévalorisants est fréquemment entendu chez nombre de phobiques sociaux, entraînant des problèmes d'*estime de soi.* De même que le rôle de mères aimantes mais hyperprotectrices, débouchant sur des problèmes de *confiance en soi.* Pour certains auteurs, ces styles éducatifs sont une des explications possibles des différences de fréquence de la timidité selon les cultures : celles où l'on valoriserait beaucoup les enfants, comme les cultures méditerranéennes, « produiraient » moins de timides que celles où on les reponsabiliserait davantage, comme les cultures anglo-saxonnes ou japonaises[1].

E) *Les modes de communication.* — Une autre des dimensions du fonctionnement familial à avoir été étudiée

1. *In* P. G. Zimbardo, *Shyness, op. cit.*

est la manière dont les échanges sont conduits au sein des familles. L'expression libre et adaptée des émotions et des besoins de chaque individu ne semble pas être fréquente dans les familles d'anxieux sociaux, où la répression des émotions est plutôt la règle. D'où les efforts importants du sujet pour *masquer* par la suite toute expression ou émergence émotionnelle, et sa préoccupation constante à l'idée qu'un symptôme trahissant son émotivité puisse être identifié par ses interlocuteurs. C'est ce souci que traduisait Jules Renard : « Sensible à tout, j'ai pris la sotte habitude de dire : tout m'est égal. »

F) *Pour conclure.* — Il faut rappeler que la plupart des faits ici décrits sont encore hypothétiques. En effet, il existe une grande difficulté à établir des certitudes en la matière : la plupart des données recueillies le sont en général par entretien rétrospectif, faisant appel aux souvenirs des personnes interrogées. On connaît bien les limites de telles réévocations *a posteriori,* et des risques de biais considérables qui peuvent en découler. Il importe cependant de vérifier ces pistes, notamment en multipliant les études dites « prospectives », où à partir d'une vaste population de départ de plusieurs centaines d'individus, on observe les faits au fur et à mesure, au lieu de les reconstruire à plusieurs années de distance. Ces études durant plusieurs années, voire plusieurs décennies, on voit bien les difficultés pratiques qu'il y a à les conduire. L'enjeu est cependant considérable : si certaines attitudes parentales peuvent amplifier ou améliorer les tendances de départ de tel ou tel enfant à l'anxiété sociale, un travail de prévention et d'éducation est alors possible, au moins auprès des plus motivés de ces parents.

3) **Le poids des événements.** — Beaucoup plus que dans d'autres manifestations anxieuses, on retrouve, dans de nombreux récits de sujets anxieux sociaux ou traqueurs, la notion d'*événement traumatisant* à un moment donné de la vie de la personne. De tels événements peuvent sur-

venir dans l'enfance (moqueries de la part de camarades de classe), dans l'adolescence (sentiment de très fort trouble à l'approche des personnes de sexe opposé), mais parfois aussi à l'âge adulte (crise d'angoisse lors d'une prise de parole face à un groupe).

La plupart de ces événements présentent un caractère psychologiquement traumatisant, et combinent une émotion et des manifestations physiologiques très intenses, un vécu de désarroi et d'impuissance à agir efficacement dans la situation, et un sentiment de honte à se trouver dans cet état face à une ou plusieurs personnes. Pouvant parfois représenter de véritables attaques de panique, ces manifestations vont profondément marquer le sujet qui en aura été victime, et, un peu à l'image de ce qui se voit dans les états de *stress post-traumatique,* laisser en lui une trace indélébile, dont le souvenir se réveillera à chaque occasion.

Les récits des personnes qui ont vécu une telle entrée dans leur trouble sont assez concordants : après l'épisode initial, le sujet est en état de choc psychologique, se sent profondément honteux et souhaite s'isoler ; lorsqu'il revoit les personnes qui ont assisté à l'épisode, il tend à adopter des attitudes de repli et d'évitement ; cet isolement l'éloigne encore plus des membres de son entourage, ce qui confirme son sentiment de solitude et d'indignité, etc.

Le problème du poids réel de tels événements traumatisants est complexe : peuvent-ils à eux seuls fabriquer de toutes pièces un trouble comme l'anxiété sociale ? Probablement pas, et la tendance actuelle est de considérer que ces épisodes jouent en fait un *rôle précipitant et non pas déclenchant*, en survenant sur un terrain déjà vulnérable.

4) **Cultures et anxiété sociale.** — Il semble bien que la timidité et l'anxiété sociale soient de toutes les époques. On retrouve des descriptions de sujets timides dans les écrits d'Hippocrate, et la littérature est riche de tels portraits.

Existe-t-il des pays ou plutôt des cultures où les individus seraient plus timides que dans d'autres ? Certains travaux tendraient à le montrer : les Japonais et les Allemands seraient par exemple plus nombreux à se déclarer timides que les Indiens ou les Israéliens[1]. D'autres travaux épidémiologiques rapportent au contraire que dans les pays orientaux, les chiffres de phobie sociale seraient plus bas que dans les pays occidentaux : une des hypothèses en est que les sujets auraient peu tendance à s'inquiéter de conduites jugées normales par leur culture d'origine. Mais il convient de prendre de telles enquêtes interculturelles avec les plus grandes précautions : parle-t-on bien de la même chose ? est-ce que l'aveu de sa timidité n'est pas plus difficile dans certaines cultures ? etc. Il est par contre très probable que chaque culture donne à l'expression de l'anxiété sociale des caractéristiques propres. On a ainsi beaucoup étudié les manifestations d'anxiété sociale chez les peuples orientaux, notamment au Japon. Derrière les termes de *taijin kyofusho* ou de *shinka shitsu*, on retrouve des traits très proches de la phobie sociale ou de la timidité, telles que les conçoivent les occidentaux[2]. Une analyse plus fine permet cependant d'observer un certain nombre de caractéristiques spécifiques à ces anxiétés sociales orientales : ainsi, la crainte de causer du désagrément à son interlocuteur, par exemple en dégageant une odeur déplaisante ou en adoptant une façon de sourire inadéquate, paraît plus fréquente dans les formes orientales. Alors que les formes occidentales se caractériseraient davantage par la crainte d'être soi-même mal à l'aise, plutôt que par celle de mettre les autres mal à l'aise.

L'acculturation peut aussi dans certains cas provoquer des phénomènes proches de l'anxiété sociale : des travaux ont ainsi montré que les étudiants de Hong-Kong d'origine chinoise éprouvaient des difficultés avec certains standards

1. *In* P. G. Zimbardo, *Shyness, op. cit.*
2. R. A. Kleinknecht *et al.*, Cultural variation in social anxiety and phobia, *Behavior Therapist*, 1994, 17, 175-178.

occidentaux présents dans leur culture, concernant notamment la manière de refuser ou de s'opposer à son interlocuteur[1]. De telles attitudes, nécessaires à la réussite individuelle dans les sociétés occidentales, s'avèrent en effet contradictoires avec les principes confucianistes de soumission aux personnes représentant l'autorité.

Quant à savoir si certaines *pressions et exigences culturelles* sont de nature à induire davantage d'anxiété sociale chez les individus (ou à la révéler chez ceux d'entre eux qui y sont prédisposés) toute réponse formelle est bien difficile à apporter. Il est cependant permis de penser que notre époque comporte un nombre important de facteurs facilitants une émergence de l'anxiété sociale : accent mis sur la performance individuelle et les aptitudes à la communication, compétition sociale sévère, rapidité et superficialité accrues des interactions sociales, avec nécessité de jugements rapides sur les individus. Notre société, où beaucoup de choses reposent sur la maîtrise de l'image donnée aux autres, induit probablement davantage d'anxiété sociale que d'autres environnements, où les personnes peuvent réussir et être reconnues pour d'autres compétences que leurs compétences sociales.

5. **L'anxiété sociale et l'espèce humaine.** — L'anxiété sociale est extrêmement répandue, et sans doute concerne-t-elle chaque être humain. Peut-on pour autant considérer qu'elle est une donnée « normale » ou constante, sinon souhaitable, au sein de l'espèce humaine ?

Nous l'avons vu, toutes les espèces de mammifères peuvent être sujettes à des manifestations évoquant l'anxiété sociale. Il est probable que des éléments précurseurs de cette anxiété sociale font partie de notre patrimoine génétique, comme le déplaisir éprouvé par chacun de nous à être regardé attentivement.

1. D. W. Chan, Components of assertiveness and their relationships with assertive rights among chinese college students in Hong-Kong, *Behavior Research and Therapy*, 1993, 31, 529-538.

A) *Un héritage de l'espèce ?* — Pour certains auteurs, l'anxiété sociale aurait une *origine phylogénétique*, c'est-à-dire qu'elle s'expliquerait par les nécessités inhérentes au développement de notre espèce[1]. L'anxiété sociale aurait ainsi eu pour fonction de nous rendre plus vigilants vis-à-vis de tous les inconnus, de nous pousser à ne pas nous trouver seuls face à un groupe, etc., toutes conditions pouvant contenir des dangers pour notre survie, du moins à certaines époques aux mœurs violentes ! Les individus équipés pour développer ce type de comportements de défiance auraient mieux survécu que les autres, et leur héritage pèserait donc lourd dans notre patrimoine génétique actuel. Voila pourquoi nous serions tous des anxieux sociaux en puissance, notamment lors de prise de parole face à un groupe (situation stressante pour la plupart des adultes de la population générale, et hautement redoutée par un tiers d'entre eux).

On retrouve d'ailleurs ce type d'explication déterministe dans un cadre plus *ontogénétique* (s'expliquant par les nécessités du développement de l'individu). L'anxiété sociale apparaît en effet chez le « petit d'homme » autour de l'âge de 1 an, c'est-à-dire au moment où il commence à pouvoir se déplacer, où les occasions de socialisation sont de plus en plus grandes, et où la mère commence à relâcher une vigilance jusque-là très serrée. Elle aurait alors pour fonction d'empêcher l'enfant de s'approcher sans précaution des inconnus, et de faire confiance au premier venu.

B) *Un facteur de régulation de la vie en société ?* — D'autres théories insistent sur le rôle de l'anxiété sociale comme phénomène régulateur de la vie en groupe. En s'inspirant de ce qui se passe chez nos cousins les primates[2], certains auteurs soulignent que les comporte-

1. M. Seligman, Phobias and preparedness, *Behavior Therapy,* 1971, 2, 307-320.
2. F. De Waal, *La politique du chimpanzé*, Paris, Éditions Odile Jacob, 1995.

ments d'anxiété sociale pourraient représenter un équivalent des conduites de soumission adoptées au sein des communautés animales : ces conduites permettraient d'éviter la multiplication des conflits entre représentants d'une même espèce, et donc de garantir une certaine stabilité des échanges dans des groupes sociaux.

C) *Et l'égalité des sexes ?* — Comme beaucoup d'autres troubles anxieux, l'anxiété sociale semble plus fréquente chez les femmes, au travers des différentes études épidémiologiques conduites en population générale. Fait notable, cette différence n'est pas retrouvée dans les populations des sujets demandeurs de soins, où les hommes sont souvent à égalité avec les femmes. Mais ceci est logique, dans la mesure où l'anxiété sociale est beaucoup mieux acceptée de la part des femmes que de la part des hommes. Différents travaux ont montré que les stéréotypes sociaux associés à la timidité (douceur, soumission, vulnérabilité...) correspondaient *grosso modo* à ceux associés à la féminité. Y a-t-il eu là aussi des phénomènes de sélection naturelle, les hommes choisissant plus volontiers comme compagnes des femmes susceptibles de ne pas s'opposer à eux ? Ce qui est sûr en tout cas, c'est que les parents tolèrent moins bien l'inhibition chez les garçons que chez les filles ; en suivant des enfants de 2 ans présentant une inhibition comportementale, on a montré qu'à l'âge de 7 ans l'inhibition persistait chez davantage de filles que de garçons, sans doute du fait des attitudes parentales, incitant et aidant davantage les garçons à lutter contre cette inhibition, plus facilement considérée comme « contre nature ». Il est intéressant de noter que ces préjugés culturels existent aussi bien chez les hommes que chez les femmes, puisque les uns comme les autres estiment qu'il est plus problématique d'être timide pour un homme que pour une femme.

D'autres croyances *a priori*, comme l'absence ou la bénignité des problèmes de timidité chez les personnes âgées (du fait de l'expérience et du recul), sont également battues en brèche. S'il est vrai qu'au fil des ans de moins en moins d'individus se déclarent timides, soit parce qu'ils le sont moins soit parce qu'ils ont fini par s'y habituer et ne plus s'en plaindre, les travaux existants[1] permettent de supposer que les personnes âgées timides sont beaucoup plus exposées que les autres aux problèmes de santé et à la surconsommation médicamenteuse, en partie à cause de l'isolement social dans lequel leur trouble les a conduites.

1. R. O. Hanson, Shyness and the elderly, *in* W. H. Jones *et al.*, *Shyness, perspectives on research and treatment, op. cit.*

Chapitre III

TIMIDITÉ ET CHANGEMENT

Nous l'avons dit, la timidité n'est pas une maladie. Mais elle peut représenter pour le sujet qui en est victime une source d'inconfort, d'entraves ou de souffrance. C'est pourquoi, dans la plupart des cas, les timides et autres anxieux sociaux désirent « s'en sortir » et se débarrasser de leur timidité, ou du moins la surmonter. Il faut bien reconnaître que ce désir de changement n'est pas toujours partagé par les personnes que côtoie le timide : à la différence de certains autres comportements, la timidité ne dérange jamais l'entourage, qui s'en accommode la plupart du temps, quand il n'en tire pas carrément profit. Le sujet timide arrange son patron (il ne lui dit jamais non, ni ne lui demande d'augmentation) comme son conjoint (qui prend en charge les décisions ayant trait à la vie sociale). Bien souvent, la timidité est considérée par l'entourage comme une difficulté mineure ; comme l'écrivait La Rochefoucauld : « On a toujours assez de force pour supporter les maux d'autrui... »

I. — Les obstacles au changement

Pour le timide, un certain nombre d'obstacles se dressent sur la route du changement personnel. Ceux-ci proviennent souvent du sujet lui-même, mais parfois aussi, nous le verrons, des professionnels à qui il s'adresse pour demander de l'aide. Une étude française[1] conduite dans le cadre d'une vaste enquête internationale de l'OMS montrait par exemple que les médecins généralistes ne diagnostiquent un problème d'anxiété que chez 25 % de leurs patients phobiques sociaux (pourtant les plus dramatiquement atteints de tous les anxieux sociaux). Dans tous les cas, le manque d'information est à la source de bien des difficultés, et surtout de beaucoup de temps perdu : les études montrent qu'il s'écoule en moyenne plus de quinze ans entre le moment où les sujets commençaient à souffrir de leur anxiété sociale et celui où ils prennent la décision de venir en parler à un médecin ou un psychologue.

Les obstacles rencontrés se situent principalement à trois niveaux : la reconnaissance du problème, la perspective d'un changement possible, le choix d'une solution adaptée.

1. **La timidité, est-ce vraiment un problème ?** — La tendance des professionnels de la santé a longtemps été de considérer que l'anxiété sociale n'était pas une maladie, ou une réelle entité pathologique.

A) *« La timidité, c'est normal... »* — Ce type de jugement est facilité par le fait que l'anxiété sociale, nous l'avons vu, est un trouble très répandu, touchant probablement, au moins à titre épisodique et transitoire, la quasi-totalité d'entre nous. Il est donc logique de considérer qu'un trouble aussi fréquent est pratiquement « normal », et fait partie intégrante de la condition humaine. Mais est-ce parce qu'un problème est fréquent qu'il n'est plus un problème ? Si la timidité fait souffrir, alors pourquoi la considérer comme quelque chose d'acceptable parce que répandu ? Accepterait-on de ne plus aller chez son dentiste parce qu'il est « normal » d'avoir des caries dentaires ?

1. E. Weiller *et al.*, Social phobia in general health care : an unrecognised undertreated disabling disorder, *British Journal of Psychiatry,* 1996, 168, 169-174.

Le risque d'une telle attitude[1] est que les formes sévères d'anxiété sociale, comme la phobie sociale, soient alors plus ou moins confondues avec les formes plus bénignes, comme la timidité, ce qui ne rend service ni aux secondes (« il y a plus grave ») ni aux premières (« ce n'est pas si grave »).

B) *« La timidité, ce n'est pas si grave... »* — La gêne relationnelle et l'inconfort liés à l'anxiété sociale ne sont certes pas fatals à ceux qui en souffrent : ils continuent le plus souvent de vivre, même si on a pu montrer que les taux de suicide sont douze fois plus élevés chez les phobiques sociaux. Et comme il ne s'agit pas non plus de problèmes à l'origine d'une gêne pour l'entourage, la famille ou le corps social, on comprend que pendant longtemps les timides n'aient pas intéressé les professionnels de santé.

C) *La timidité, de la survie à la qualité de vie.* — Les anciens médecins définissaient la santé comme « la vie dans le silence des organes ». En appliquant cette définition à la timidité, on voit apparaître le malentendu : la timidité est une *difficulté « silencieuse »* pour le corps social, alors que c'est loin d'être le cas pour l'individu qui en souffre. Si l'on s'intéresse actuellement à l'anxiété sociale, c'est notamment dans le cadre d'une évolution de la médecine. Celle-ci servait autrefois avant tout à sauver les vies ou à alléger les souffrances graves. De nos jours, elle est destinée également à améliorer la qualité de la vie. Dans la pratique d'un médecin généraliste, les consultations pour des rhumatismes ou de l'acné font désormais partie du paysage au même titre que celles pour un cancer ou une insuffisance cardiaque.

Ce mouvement, faisant évoluer les préoccupations des médecins *de la survie à la qualité de vie*, a été le même en psychiatrie, où l'on a peu à peu élargi les soins aux mala-

1. M. B. Stein, How shy is too shy ?, *Lancet*, 1996, 347, 1131-1132.

dies graves (délires, dépressions sévères...) aux soins apportés à des troubles plus « légers » (troubles anxieux, boulimie, dépressions réactionnelles...). Les professionnels de la santé mentale sont donc amenés à voir de plus en plus de personnes venues consulter pour des difficultés psychologiques ne mettant certes pas leur vie en danger, n'entravant pas non plus le bon fonctionnement de la société, mais les empêchant d'être « bien dans leur peau », et tout simplement heureuses.

D) *L'intérêt de l'individu et celui de la collectivité.* — En fait, on observe de manière générale une meilleure prise en compte de la souffrance individuelle dans notre système de soins, au-delà d'une séparation binaire « normal-pathologique ». Mais il faut noter que ce mouvement s'effectue aussi dans un contexte de meilleure connaissance épidémiologique des troubles mentaux : on sait désormais que les sujets phobiques sociaux, par exemple, sont beaucoup plus nombreux que l'on ne l'a longtemps pensé, et qu'ils présentent beaucoup plus de dépressions ou de dépendances aux toxiques (alcool, tabac, tranquillisants...). La prise en charge précoce et adaptée de leurs troubles relève donc d'une politique de prévention plus intelligente que l'attentisme jusqu'à ce qu'ils décompensent. Les bénéfices en seront doubles, pour le sujet et pour la collectivité.

2. Existe-t-il vraiment des solutions à la timidité ?

A) *« La timidité, il faut faire avec... »* — Nous l'avons dit, si les timides doivent être aidés, ce n'est certainement pas au nom d'une éventuelle « anormalité », la normalité en matière d'anxiété sociale serait plutôt du côté de ceux qui en souffrent. Le critère à retenir est simplement celui de la souffrance de l'individu.

Il se passe là aussi un phénomène comparable à ce qui s'est déroulé pour la douleur en médecine dite « somatique ». Jusqu'à une époque très récente, les médecins avaient tendance à accorder peu d'importance à la prise en charge de la douleur, au nom de principes bibliques : « Tu accoucheras dans la souffrance », ou philosophiques : « Ce qui ne nous tue pas nous rend plus forts. » Or, cette attitude non seulement était immorale, mais de surcroît elle allait à l'encontre de l'efficacité des soins : un malade qui souffre est un malade encore plus vulnérable, à l'aggravation de son mal ou à une complication. Actuellement, la lutte contre la douleur fait partie intégrante des soins, notamment dans le cas d'affections sévères (cancers, phases terminales des maladies...).

Il en est de même pour l'angoisse. Après les avoir souvent traités par-dessus la jambe (pour nombre d'étudiants en médecine, les anxieux et les déprimés étaient considérés comme des « faux malades » dans les services hospitaliers où il leur arrivait parfois d'atterrir), on s'est avisé que les troubles anxieux étaient de « vraies » maladies, avec leurs symptômes, leurs souffrances, leurs complications... La médecine actuelle est donc beaucoup plus attentive aux difficultés des patients anxieux. Cette tendance n'est pas du goût de tout le monde, et certains ont pu dénoncer ce qu'ils perçoivent comme une tendance à la psychologisation excessive de caractéristiques au fond simplement humaines : mais ils s'avèrent incapables d'apporter de solutions de rechange autres que des vœux aussi vagues que pieux (« plus d'entraide et d'écoute entre les personnes »...).

B) *« La timidité, c'est dans mon caractère... »* — On retrouve chez de nombreux patients la conviction fataliste qu'on ne se refait pas, surtout en matière de timidité, qui est perçue comme un trait de caractère... Mais qu'est-ce que le caractère ? Il s'agit d'une manière d'être propre à un individu (son étymologie renvoie au grec *kharakter*, empreinte, marque...), d'où sa double dimension de *stabilité* et d'*identité*. La définition du caractère renvoie donc à :

— une façon d'être stable dans le temps ;
— concernant tous les aspects relationnels de la vie du sujet, et même des aspects non repérables à ses yeux (c'est souvent l'entourage qui y sera sensible) ;

— présentant un caractère « égo-syntonique », c'est-à-dire accepté par le sujet comme faisant partie de son identité ;
— dont le développement a été précoce, et l'évolution ancienne (« j'ai toujours été comme ça ») ;
— qui est rarement l'objet d'une demande de changement.

De fait, l'argument, venant du sujet ou de son entourage, voire de ses soignants : « Il n'y a rien à faire, c'est dans mon (son) caractère », témoigne de plusieurs ordres de réticences ou de méconnaissances :

— *La crainte de perdre son identité*, voire sa spontanéité : la personne a le sentiment qu'il n'existe pas d'autres façons d'être ou de faire que la sienne, sinon artificielles et factices. Ceci est peut-être plus spécifique aux pays latins, où la culture à tout prix de son individualisme et de caractéristiques personnelles, même peu satisfaisantes, semble une valeur plus honorable que l'adaptation au corps social. Il semble que dans les pays anglo-saxons les deux tendances soient mieux équilibrées...

— *La perception d'une difficulté à changer* un style personnel pratiqué depuis si longtemps qu'il en est devenu, sinon confortable, du moins sécurisant : à force de vivre avec ses symptômes, ceux-ci finissent par faire partie du paysage...

Il est pourtant possible de changer, et les pathologies du caractère et de la personnalité font depuis quelques années l'objet de travaux en nombre croissant[1]. Lors d'une psychothérapie des troubles de la personnalité, les changements visés sont plus de l'ordre de l'assouplissement que de la modification radicale. Les résultats sont de plus en plus au rendez-vous : il apparaît bel et bien possible de modifier ce qui relève du caractère, même si

1. Q. Debray et D. Nollet, *Les personnalités pathologiques*, Paris, Masson, 1995.

les efforts à déployer sont importants, pour le patient comme pour le thérapeute[1].

C) *« Je ne suis pas fou... »* — Enfin, une des réticences des anxieux sociaux à accéder au système de soins existant réside peut-être dans la crainte de rentrer dans le cercle vicieux que représenterait un « circuit psychiatrique » dont il serait bien difficile de sortir intact. Celui-ci repose encore sur deux visions peu attirantes, correspondant à deux aliénations possibles : la médication à outrance (« je n'ai pas envie d'être drogué ») et la psychanalyse interminable (« je ne veux pas passer dix ans sur un divan »). Ces réticences témoignent d'une vision déformée des soins psychiatriques : il existe actuellement des médicaments psychotropes efficaces, bien tolérés et n'entraînant pas de dépendance, tout comme il existe un éventail varié de psychothérapies, dont certaines de courte durée. Mais de telles appréhensions sont symptomatiques d'une image et d'un héritage d'une certaine pratique de la psychiatrie, qui est heureusement en train d'évoluer. Nous allons voir que les solutions adaptées au problème de l'anxiété sociale sont loin de présenter ces caractéristiques « lourdes » qui ont longtemps dissuadé nombre de patients.

3. **Des solutions, oui mais lesquelles ?** — Une fois acceptée la perspective d'un traitement, il reste à trouver celui qui s'avérera adéquat. Le « marché » de la timidité est florissant, pour plusieurs raisons : le grand nombre de personnes concernées, leur relative vulnérabilité (isolées, peu affirmées, culpabilisées), l'absence jusqu'à ces dernières années de méthodes validées par la communauté médico-psychologique ou scientifique.

A) *Des solutions fantaisistes.* — Les méthodes de tout poil ont donc proliféré sur l'immense domaine du

1. J. Cottraux et I. M. Blackburn, *Thérapies cognitives des troubles de la personnalité*, Paris, Masson, 1995.

« manque de confiance en soi ». Certaines totalement farfelues voire dangeureuses, d'autres tout simplement inefficaces. Les livres sur l'art et la manière de vaincre sa timidité sont légion, et ce depuis fort longtemps. Ils représentent toujours des témoignages passionnants sur les impératifs de la réussite sociale[1] ou sur les visions hygiénistes d'une époque[2]. Les conseils qu'ils dispensent sont de valeur limitée, leur principal défaut étant de faire un usage immodéré d'injonctions moralisantes, d'exercices de visualisation imaginaire, d'autosuggestion, et d'invigorations poussant à simuler une assurance factice, voire à manifester une certaine agressivité. Une très bonne caricature en était donnée dans le film de Pierre Richard, *Je suis timide, mais je me soigne*, qui dépeignait les mésaventures d'un timide tentant vainement d'appliquer une méthode d'autoguérison aussi farfelue qu'inefficace...

B) *Des solutions inadaptées.* — D'autres solutions s'avèrent quant à elles inadaptées à la timidité. Le recours, de la part de nombreux médecins, aux tranquillisants pour soulager les sujets de leur anxiété sociale, relève de cette catégorie : on utilise un outil thérapeutique, très efficace par ailleurs, dans une indication qui n'est pas vraiment la bonne. Il en est de même du recours à des psychothérapies introspectives, comme la psychanalyse : cette dernière va apporter au sujet timide des informations importantes sur la genèse de son trouble et sa symbolique (« pourquoi suis-je mal à l'aise, et qu'est-ce que cela signifie ? »), mais risque bien souvent de le laisser démuni face à ses comportements inadaptés.

C) *Des solutions incomplètes.* — Dans d'autres cas encore, les solutions apportées seront effectivement de nature à aider le sujet timide, mais seulement de manière

1. P. Cuisin, *L'art de briller en société*, Paris, Sanson, 1824.
2. P. Jagot, *La timidité vaincue*, Paris, Dangles, 1940.

partielle. Ainsi, les méthodes de relaxation : s'il existe souvent des manifestations physiques d'inconfort ou d'anxiété chez le timide, celles-ci sont loin de résumer l'ensemble de ses difficultés. Et les améliorer ne représentera qu'une partie, certes utile, mais insuffisante des efforts à entreprendre. De même, les cours de théâtre ou de prise de parole en public, dont la clientèle est composée pour plus des deux tiers de sujets anxieux sociaux : les exercices conduisant le participant à affronter le regard du groupe sont toujours profitables, mais les progrès obtenus seront en général incomplets. Beaucoup de patients ont déjà parcouru ce circuit lorsqu'ils viennent consulter dans nos services.

D) *Des tonnes de bons conseils.* — Enfin, il ne faut pas oublier tous les bons conseils que les sujets timides auront entendus des dizaines de fois lorsqu'ils se sont ouverts de leurs difficultés à leur entourage ou à des médecins : « Secoue-toi », « sors, vois du monde », « n'aie pas toutes ces idées en tête », « détends-toi », « dis-toi que les gens ne sont pas plus à l'aise que toi », « imagine-les face à toi en sous-vêtements », « ne te laisse pas faire comme ça... » Là aussi, même si ces remarques témoignent d'un relatif bon sens, elles s'avèrent inutilisables, de par leur caractère vague et non spécifique, et parfois même culpabilisent le sujet timide qui n'arrive pas à les mettre en pratique.

II. — Les outils du changement

1. Communiquer sur la timidité et l'anxiété sociale.

A) *L'information grand public.* — Pour répandue qu'elle soit, la timidité reste un trouble mal connu. Ceux qui en souffrent en parlent peu autour d'eux, le vivent dans une certaine discrétion, pour ne pas dire dans la honte. Le trouble conduit par ailleurs à un relatif isolement. Alors que de nombreuses émissions TV permettent de plus en plus de voir des témoignages de patients anxieux ou dépressifs, les timides ont le plus grand mal à témoigner de leurs difficultés, puisque c'est justement leur problème que d'affronter le regard et le jugement d'autrui... Mais il suffit d'un livre, d'un article dans la presse grand public, ou d'une émission de radio pour qu'aussitôt les lettres et les coups de téléphone affluent auprès des praticiens spécialisés, témoignant de la très forte attente des personnes souffrant d'anxiété sociale.

Ce phénomène est bien connu des spécialistes des troubles anxieux, psychologues ou psychiatres, et a pu être qualifié d'*« épidémie invisible »*, soulignant le caractère répandu mais secret de ces difficultés. Ces faits témoignent aussi de la formidable carence en matière d'information médico-psychologique du grand public. La diffusion à une large échelle d'informations claires, simples et accessibles sur des problèmes de santé aussi répandus que les troubles anxieux, par exemple, représente un irremplaçable outil de prévention, en permettant un accès aux soins plus rapide. L'information médiatique et la pédagogie sont devenues des acteurs à part entière de nos systèmes de santé modernes, et nous sommes encore loin d'avoir atteint un niveau satisfaisant, du moins en psychiatrie.

B) *L'explication et la pédagogie sur le trouble.* — Après l'information grand public, la deuxième étape du processus de communication sur un trouble psychologique est représentée par une information individuelle adaptée, délivrée par le thérapeute à son patient. Cette information portera sur la fréquence du trouble, ses manifestations, ses classifications, ses mécanismes, ses traitements... Une telle démarche pédagogique sur la timidité est de nature à entraîner plusieurs bénéfices : un soulagement pour le patient (« je ne suis pas le seul dans mon cas »), une confiance dans le thérapeute (« il connaît bien les difficultés qui me gênent »), un espoir d'évolution favorable (« il existe des solutions »). Mais son avantage principal réside sans doute dans une plus grande implication des patients dans le processus thérapeutique, ce qui est toujours de nature à améliorer les résultats d'un traitement, quel qu'il soit.

C) *Qui peut délivrer l'information ?* — Les messages les plus crédibles et fiables aux yeux du public sont sans doute ceux délivrés par les soignants (médecins généralistes, psychologues ou psychiatres) et les chercheurs. Mais ceux provenant d'autres sujets porteurs du même trouble ont aussi un impact très grand, et il faut souhaiter le développement d'associations de patients comme il en existe déjà à l'étranger[1] : celles-ci sont à même de développer une argumentation « de terrain » encore plus proche des préoccupations des personnes souffrant des mêmes troubles.

2. **Aider à changer.** — D'où peut venir le changement chez un sujet timide ?

a) Parfois d'une *évolution spontanée* : au travers d'événements de vie, rencontres, responsabilités... certains sujets ont pu dépasser en douceur leurs limites. Sans doute les « psys » ne connaissent-ils que très imparfaitement les mécanismes de ces types de changements « naturels », et leur meilleure compréhension serait de nature à leur apprendre beaucoup. Mais ils ne sont sans doute pas la majorité, et certains auteurs pensent même que l'évolution spontanée aurait plutôt tendance à se faire vers l'aggravation, puisqu'à partir d'un nombre relativement réduit d'enfants timides, les adultes timides sont en proportion plus nombreux[2]. Il faut aussi rappeler que dans les cas d'anxiété sociale majeure, comme la phobie sociale ou la personnalité évitante, les évolutions favorables hors des contextes de soins sont exceptionnelles.

1. J. Ross, Social phobia : the consumer's perspective, *Journal of Clinical Psychiatry,* 1993, 54, 5-9.
2. B. J. Carducci et P. G. Zimbardo, Are you shy ?, *Psychology Today,* décembre 1995, 34-82.

b) Dans d'autres cas, les progrès obtenus le seront à la suite d'*efforts délibérés,* conscients et organisés. Dans le monde des journalistes et des comédiens, par exemple, nombreux sont ceux qui avouent être d'anciens timides, ayant choisi de se jeter sous les feux de la rampe pour dépasser leurs inhibitions. Un certain nombre de conditions doivent toutefois être remplies pour que ce type d'attitude soit possible : anxiété sociale modérée, environnement relationnel favorable, bonnes compétences sociales...

c) Parfois enfin, c'est une personne de l'entourage proche, conjoint, membre de la famille ou ami qui va représenter un *soutien* efficace et actif pour le sujet timide, en l'incitant et le poussant régulièrement à affronter les situations redoutées, en valorisant les succès, en relativisant les difficultés...

d) Mais le plus souvent, la timidité et les manifestations d'anxiété sociale résisteront au temps, aux efforts du sujet ou à la sollicitude d'un entourage bien intentionné. Il faudra alors s'adresser à des professionnels de la santé. Le choix d'une *aide psychologique adaptée* représente souvent un moment crucial et problématique pour un patient, aucun moyen d'information structuré n'existant à ce jour. Comment choisir l'aide la plus adaptée à son problème d'anxiété sociale ?

A) *Quels critères pour des soins adaptés ?*

Des critères pour la qualité des soins ont été édictés par différentes instances, comme par exemple la JCAHO américaine (Joint Commission on Accreditation of Healthcare Organizations) qui proposait entre autres[1] :

— l'accessibilité : existe-t-il un réseau national suffisamment dense de thérapeutes formés à la prise en charge de l'anxiété sociale ?

1. J.-L. Terra, *L'évaluation des traitements et de leur qualité*, *in* F. Rouillon (éd.), *Épidémiologie psychiatrique*, Paris, IEEP, 1995.

— l'acceptabilité : le traitement est-il facilement recevable par le patient, en termes d'investissement personnel en temps ou argent, est-il supportable sans gêne ou déstabilisation majeure ?
— l'efficacité : le traitement a-t-il été validé par un nombre suffisant d'études ?
— le caractère approprié : le traitement correspond-il bien au problème présenté par le sujet ?
— la sécurité : le traitement ne comporte-t-il pas de conséquences nuisibles à la santé ou à l'équilibre du sujet ?

Il existe actuellement dans notre pays des soins adaptés aux problèmes d'anxiété sociale, et répondant à l'ensemble de ces critères (sauf peut-être le premier, mais les choses sont en train d'évoluer rapidement).

B) *Peut-on évaluer une aide psychologique ?* — Comment peut-on évaluer l'efficacité d'une démarche aussi complexe et personnelle qu'une psychothérapie ? Les psychiatres français ont longtemps été réticents à passer sous les fourches caudines de l'évaluation des soins[1]. Il ne suffit pas qu'une méthode ait permis de guérir ou d'aider des sujets : au fond, toutes les techniques ont un jour ou l'autre dû permettre d'aider des sujets anxieux sociaux. Il existe dans chaque guérison des facteurs non spécifiques, comme le pouvoir de persuasion du thérapeute, la qualité de l'alliance avec le patient, la motivation de ce dernier : ces facteurs ne signent pas l'efficacité de la méthode, mais celle de son contexte d'application. Ce que l'on pourrait appeler les *« ingrédients actifs »* d'une psychothérapie doivent être mis en évidence de façon plus méthodique.

Dans le cas d'une psychothérapie, pour démontrer scientifiquement son efficacité, une méthode doit être pas-

1. C. André, Quel avenir pour les psychothérapies ?, *Abstract Neuro-Psy,* 1995, 134, 15-19.

sée par des études dites « contrôlées ». Ce n'est évidemment pas facile, toute psychothérapie étant par essence une démarche très individuelle et complexe. Mais la chose reste possible.

Il faut pour cela disposer d'un assez grand nombre de patients, les répartir de façon aléatoire (c'est ce que l'on appelle une « randomisation ») en deux groupes que l'on va ensuite comparer. Un groupe peut par exemple recevoir la psychothérapie pendant plusieurs mois, pendant que l'autre reste en liste d'attente durant ce même intervalle de temps. Ou bien, le premier groupe suit un type de psychothérapie, pendant que le second en suit une autre ou reçoit un médicament. On compare les résultats obtenus entre les deux groupes à la fin de la période de temps choisie, en tenant compte évidemment de l'état de départ des patients de chaque groupe. Il faut alors que les différences soient suffisamment importantes pour être considérées comme *significatives*. Ce type d'étude s'avère complexe, long, minutieux, et exige beaucoup de rigueur dans l'évaluation des progrès des patients : il faut notamment que les personnes qui soignent ne soient pas celles qui évaluent les résultats, pour éviter tout biais, volontaire ou inconscient.

De telles études sont actuellement systématiques avant la mise sur le marché de nouveaux médicaments prétendant être remboursables par les systèmes de soins. Mais c'est encore loin d'être le cas pour les psychothérapies[1].

C) *Plaidoyer pour le développement de techniques validées*. — A ce jour, seules deux familles de traitements ont fait leurs preuves dans la prise en charge des problèmes d'anxiété sociale : certains médicaments, et les approches cognitivo-comportementales. Ce sont donc ces approches

1. W. Huber, *Les psychothérapies : quelle thérapie pour quel patient ?*, Paris, Nathan, 1993.

que nous aborderons ici. Ce qui ne signifie pas que d'autres méthodes soient inefficaces : elles n'ont simplement pas fait leurs preuves dans cette indication de manière suffisamment claire et reproductible. D'autre part, il est tout à fait possible (et souhaitable pour les patients) que de nouvelles techniques se développent, et toute créativité en la matière doit être largement encouragée : en attendant, la rigueur et l'honnêteté imposent que les patients soient systématiquement informés du degré de fiabilité des méthodes qui leur sont proposées.

III. — **Les médicaments**

Il n'existe pas de médicament « antitimidité », comme il existe des antibiotiques ou des anti-inflammatoires. Le plus souvent, même, la prescription de psychotropes sera déconseillée. Cependant, il existe quelques cas particuliers, nécessitant une évaluation médicale préalable, où la chimie peut rendre des services à l'anxiété sociale.

1. **Médicaments et psychologie.** — Le débat pour ou contre les médicaments psychotropes dans le cadre de difficultés psychologiques a longtemps fait rage. Cela continue encore un petit peu, mais la tendance actuelle de la majorité des psychothérapeutes est de ne plus être systématiquement opposés à un usage adapté des médicaments... L'argument central de leurs détracteurs est que les psychotropes ne font que suspendre ou masquer des difficultés qui réapparaîtront dès l'arrrêt. Cette vision des choses est en fait dérivée du modèle psychanalytique, pour lequel seule une action sur les sources du problème est susceptible de s'avérer durable ; et comme les sources des problèmes psychologiques remontent en général à un lointain passé, les médicaments sont donc supposés incapables d'agir autrement qu'en soulageant transitoirement et superficiellement... Il s'agit au fond d'un ancrage au modèle médical clas-

sique : ne pas faire tomber une fièvre dont on n'a pas traité l'origine, ne pas calmer une douleur sans s'être assuré qu'elle n'avait pas une cause grave, etc. Cette façon de voir les choses serait pertinente si le mental obéissait aux mêmes lois que le physique. Mais en psychologie, le modèle linéaire *cause ⇒ conséquence*, c'est-à-dire *structure mentale dysfonctionnelle ⇒ symptôme,* fonctionne en fait sur un mode rétroactif.

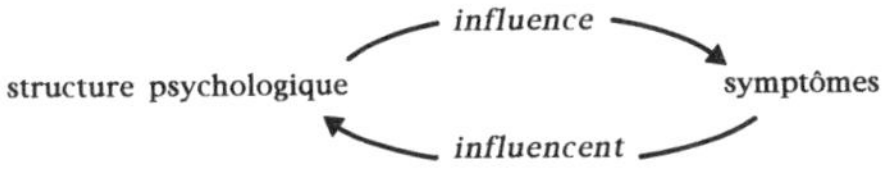

Fig. 7. — Interaction structure mentale - symptômes psychologiques.

En fait, il s'avère très souvent utile d'agir sur le symptôme, car cela pourra entraîner une modification de la structure sous-jacente. Par exemple, un sujet dépressif à la suite d'une série de difficultés personnelles réveillant des carences affectives de l'enfance (cause) pourra être amélioré par un traitement antidépresseur (modification symptomatique) ; mais cette amélioration va elle-même modifier sa façon de considérer son passé, en le relativisant et en prenant du recul à son égard, le vivant en témoin et en acteur plus qu'en victime, passant de la plainte au constat, puis à l'action, etc.

La maladie aliène souvent plus que le médicament, et il est dans la plupart des cas légitime de chercher à diminuer les symptômes de souffrance psychologique par un traitement psychotrope, du moins toutes les fois où l'efficacité de ce dernier est attestée. La règle est simplement de ne pas prescrire de traitement médicamenteux sans au minimum un accompagnement psychologique, et si possible une psychothérapie adaptée. En matière d'anxiété sociale, deux familles de molécules ont fait leurs preuves : les bêta-bloquants et les antidépresseurs.

2. **Les bêta-bloquants.** — Les bêta-bloquants sont des médicaments largement utilisés par les cardiologues, pour le traitement de l'hypertension et de diverses affections cardiaques. On s'est aperçu un peu par hasard qu'ils étaient susceptibles de diminuer ou supprimer les effets physiques du trac et de l'émotivité[1], et les médecins ont actuellement le droit de les prescrire dans les « manifestations fonctionnelles cardiaques à type de tachycardie et de palpitations au cours des situations émotionnelles transitoires »[2]. Depuis le milieu des années 60, des milliers de musiciens, d'acteurs ou de conférenciers ont ainsi eu recours, une à deux heures avant leur prestation devant un public, à un petit comprimé anti-trac !

Les bêta-bloquants sont en effet particulièrement adaptés à ce que nous avons dénommé *« anxiété de performance »* : durant celle-ci, les manifestations physiologiques de trac atteignent parfois une intensité invalidante (tremblements, palpitations et tachycardie, moiteur des mains, sécheresse de la bouche, vertiges, etc.). Les bêta-bloquants vont réduire assez efficacement ce type de phénomènes. Mais leur effet s'arrêtera là dans un premier temps. Inutile d'en espérer davantage : d'abord parce qu'ils ne sont efficaces que dans les situations de trac, et ensuite parce qu'ils n'agissent que sur la composante physique, sans rien modifier aux aspects mentaux de l'anxiété sociale. Sous bêta-bloquants, un sujet timide ne va pas devenir audacieux, pas plus qu'un phobique social ne va se décontracter face à des interlocuteurs qu'il perçoit comme des censeurs. Mais l'un et l'autre seront moins parasités, dans leurs prestations, par les manifestations tumultueuses de leur émotivité ; et peu à peu, oseront affronter les situations, pourront reprendre confiance en eux, et diminuer progressivement le recours au bêta-bloquant.

1. K. L. Granville-Grossman et P. Turner, The effect of propranolol on anxiety, *Lancet,* 1966, 1, 788-790.
2. *Dictionnaire Vidal,* Paris, OVP, 1996.

3. **Les antidépresseurs.** — Utilisés depuis la fin des années 50 pour soulager les patients déprimés, les antidépresseurs sont de plus en plus prescrits, depuis les années 80, pour soigner des problèmes d'anxiété sévère, comme les attaques de panique (crises d'angoisse paroxystiques durant lesquelles le sujet craint de perdre la vie ou la raison) ou les troubles obsessionnels-compulsifs (poussant les sujets à se laver des dizaines de fois par jour, ou à vérifier sans fin qu'ils ont correctement fermé portes, interrupteurs ou robinets d'eau...). Les bénéfices des antidépresseurs dans l'anxiété ne sont pas seulement dus au fait que les sujets anxieux sont aussi fréquemment déprimés, mais correspondent également à une action spécifique, dont on connaît encore imparfaitement les raisons et les mécanismes.

Leur efficacité a été récemment démontrée dans le cas des formes les plus sévères d'anxiété sociale : les phobies sociales et les personnalités évitantes. Les antidépresseurs agissent alors en rendant ces sujets moins susceptibles et inquiets du jugement des autres, et en diminuant leur angoisse lors de la confrontation aux situations sociales. Ce qui représente pour eux une aide considérable, facilitant grandement leur engagement dans une démarche psychothérapique qui va les pousser à affronter de plus en plus de situations.

Différentes familles d'antidépresseurs ont été testées avec succès dans le cadre des phobies sociales, principalement les IMAO et les sérotoninergiques[1].

4. **Et les tranquillisants ?** — On sait que notre pays est grand consommateur de tranquillisants[2]. De fait, beaucoup de sujets timides ou anxieux sociaux ont pris ou prennent régulièrement des tranquillisants, principalement de la classe des benzodiazépines, les plus connus

1. J. W. Jefferson, Social phobia : a pharmacologic treatment overview, *Journal of Clinical Psychiatry*, 1995, 56, 18-24.
2. E. Zarifian, *Le prix du bien-être*, Paris, Odile Jacob, 1996.

d'entre eux (car les plus efficaces et les mieux tolérés). Dans l'anxiété sociale, les bénéfices en sont assez modérés : si la tension et l'anxiété sont le plus souvent atténuées, les comportements problématiques (inhibition et évitements) persistent en général, malgré le tranquillisant. Et des inconvénients existent : dépendance au traitement (même si celle-ci est modérée et assez facile à interrompre dans la plupart des cas), mais peut-être aussi tendance à la chronicisation des troubles, par des mécanismes complexes. Les benzodiazépines pourraient par exemple entraîner une altération des processus d'apprentissage, faisant que la multiplication des contacts sociaux, qui normalement entraîne peu à peu une « habituation » et donc une diminution de l'anxiété, ne serait pas « mémorisée » et que tout nouveau contact social garderait donc le même pouvoir anxiogène.

Les tranquillisants, malgré le caractère logique que pourrait donc avoir leur prescription, sont donc actuellement l'objet d'une certaine réticence de la part des médecins spécialistes des problèmes d'anxiété sociale. Ils ne sont plus prescrits systématiquement, mais seulement lorsqu'un bénéfice spécifique en est attendu (autres manifestations anxieuses associées à l'anxiété sociale, gêne et souffrance due à la charge anxieuse, etc.).

IV. — Les approches cognitives et comportementales

Les thérapies cognitives et comportementales sont des psychothérapies tournées vers l'obtention de changements concrets, perceptibles au quotidien par le patient et son entourage. Elles incarnent à l'heure actuelle un des courants les plus dynamiques de la recherche clinique internationale[1]. *Les thérapies cognitives et comportementales représentent à ce jour l'indication de choix pour tous*

1. J. Cottraux, *Les thérapies comportementales et cognitives*, Paris, Masson, 1995.

les problèmes d'anxiété sociale, chez l'adulte, comme chez l'enfant ou l'adolescent[1].

Qu'en est-il des autres approches psychothérapiques ? Celles-ci peuvent parfois s'avérer efficaces dans la prise en charge de la timidité ou des manifestations d'anxiété sociale, mais n'ont pas été à ce jour l'objet d'un nombre suffisant d'études contrôlées dans cette indication. La psychanalyse ou les thérapies d'inspiration analytique ne se sont par exemple jamais penchées de manière spécifique sur les problèmes d'anxiété sociale. Elles n'y recherchent pas directement une amélioration symptomatique, mais visent plutôt à une meilleure compréhension et acceptation de soi. Les autres techniques psychothérapiques, non psychanalytiques et non cognitivo-comportementales, représentent par ailleurs un corps très hétérogène, dont l'efficacité est principalement fondée sur l'expérience et les qualités humaines du thérapeute. A l'heure actuelle, aucune d'entre elles ne peut donc être recommandée de façon systématique aux sujets timides.

Les thérapies cognitives et comportementales présentent quatre caractéristiques principales :

— Ce sont des *thérapies à visée scientifique* : c'est-à-dire soumises à évaluation de leurs résultats, et prêtes à remettre leurs thèses de départ en question si celles-ci ne résistaient pas à l'épreuve des faits. Des résultats négatifs sont ainsi régulièrement publiés dans les revues scientifiques des cognitivo-comportementalistes, attestant de l'échec de démarches basées au départ sur des hypothèses séduisantes...

— Ce sont des *thérapies stratégiques*, qui vont définir clairement quels objectifs précis elles souhaitent atteindre, par quels moyens, et de quelle manière seront évalués les résultats. Beaucoup de psychothérapies sont en effet peu ou prou manipulatoires, au sens technique et non moral du terme, c'est-à-dire cherchant à produire des effets chez le

1. A. M. Albano, Treatment of social phobia in adolescents, *Cognitive and Behavioral Practice,* 1995, 2, 271-298.

Tableau 5. — **Les principales techniques cognitives ou comportementales utilisées dans l'anxiété sociale**

Technique	*Principe*	*Mécanismes*	*Objectifs*
Exposition graduée	Affronter progressivement les situations redoutées	Diminution de l'angoisse par habituation aux situations anxiogènes	Se confronter librement aux situations sociales
Relaxation	Apprendre des techniques de relaxation à appliquer dans les situations redoutées	Maîtriser les manifestations physiologiques de l'anxiété	Contrôler son émotivité
Entraînement aux compétences sociales	Apprendre des techniques de communication efficaces par la pratique de jeux de rôle	Amélioration de son efficacité dans les interactions sociales, développement d'un sentiment de contrôle	Disposer d'un savoir-faire relationnel adapté (savoir quoi dire et quoi faire)
Restructuration cognitive	Identifier et moduler les pensées automatiques négatives liées aux situations sociales	Prise de conscience du discours intérieur menaçant, développement d'un mode de pensée plus réaliste	Diminuer l'anxiété d'évaluation

patient sans lui révéler explicitement par quels mécanismes ou quelles stratégies[1]. Le souci d'un contexte égalitaire et collaboratif pousse les thérapeutes cognitivo-comportementalistes à rechercher la plus grande transparence possible dans leurs processus d'influence sur leurs patients.

— Ce sont des *thérapies basées sur les théories du conditionnement et de l'apprentissage*. Elles postulent que tout comportement a été appris, sous l'effet de conditionnements plus ou moins manifestes, et qu'il est toujours possible, si la condition biologique de l'individu le lui permet, de le désapprendre ou d'en apprendre de nouveaux.

— Ce sont des *thérapies reposant sur un type très spécifique de relation thérapeute-patient*, interactif (le thérapeute intervient fréquemment pour donner son point de vue, proposer, conseiller...) et explicite (le thérapeute clarifie chaque fois que nécessaire ce qu'il fait ou demande, et pourquoi il le fait...).

Les thérapies cognitives et comportementales reposent sur un ensemble de techniques à l'efficacité validée, qui vont être utilisées séparément ou conjointement.

On peut remarquer que ces quatre techniques cognitivo-comportementales relèvent au fond d'une logique de bon sens : pour vaincre sa timidité, il faut se contraindre à affronter peu à peu ce que l'on redoute, savoir se détendre en situation sociale, y adopter un comportement relationnel adapté, et ne pas systématiquement penser que l'on est inférieur ou qu'on nous juge sévèrement... Ce type de conseils a souvent été déjà reçu par le sujet timide, ou bien il a tenté de les suivre de par lui-même. Il ne suffit donc pas de les prodiguer de manière vague pour prétendre avoir pratiqué une thérapie cognitive et comportementale...

En effet, ces techniques ne s'avéreront efficaces de manière durable que si elles sont l'objet d'une application méthodique, régulière, obéissant à certaines règles fondamentales. C'est dans le cadre d'une psychothérapie adap-

1. R.-V. Joule et J.-L. Beauvois, *Petit traité de manipulation*, Grenoble, Presses Universitaires de Grenoble, 1987.

tée que ces conditions seront le mieux rencontrées. Cette psychothérapie pourra avoir lieu *en face-à-face ou bien en groupe*, ce dernier format se prêtant particulièrement bien aux problèmes d'anxiété sociale[1]. Il permet en effet aux participants de rencontrer d'autres personnes présentant des difficultés similaires aux leurs, et exerce donc un effet de soutien mutuel, de dédramatisation, permet des exercices comme les jeux de rôle, une plus grande créativité, des conseils et de l'entraide...

1. **L'exposition graduée.**

> « J'ai déjeuné dans un autre hôtel, et *je n'ai plus osé passer devant le Lion d'Or*. Peut-être qu'on m'attend toujours. "Ils viendront dîner", se dit-on. Ne va-t-on pas m'envoyer le commissaire de la ville ?, etc., etc. Stupides transes... »
>
> (Jules Renard, *Journal.*)

L'anxiété sociale pousse le sujet à éviter nombre de situations sociales, et son amélioration ne peut se concevoir qu'au travers de l'affrontement de ces situations redoutées. Cela semble une lapalissade, pourtant, la tâche est difficile, tant la réalité des sujets timides est faite d'une quantité incroyable de dérobades et fuites en tous genres, dont ils ne sont pas toujours conscients. Ces évitements prennent plusieurs masques, que nous aborderons. Mais ils comportent surtout un nombre important d'inconvénients :

— altération de la qualité de vie, limitée à un petit nombre d'interlocuteurs et de situations ;
— vécu quasi permanent d'autodévalorisation, devant le spectacle sans cesse renouvelé de ses propres dérobades ;

1. J. Guérin *et al.,* L'affirmation de soi en groupe dans les phobies sociales et les troubles de la personnalité, *Thérapie comportementale et cognitive,* 1994, 4, 108-115.

— aggravation des difficultés, car chaque évitement enfonce un petit peu plus le sujet timide dans sa timidité.

A) *Les différents types d'évitements.*

a) Évitements complets : le renoncement. La manière la plus simple de ne pas ressentir d'anxiété sociale est de ne pas se confronter aux situations redoutées. Ces évitements peuvent être le fruit d'une anxiété anticipatoire : le sujet renonce par avance à l'action, par simple évocation de la situation. La vie de ces personnes est alors faite d'atermoiements, d'avances suivies de reculades... Après un certain temps d'évolution, les évitements vont relever d'une démarche organisée : l'anxieux social va alors se trouver de nombreuses justifications et rationalisations pour expliquer sa conduite, aux autres mais aussi à lui-même.

Parfois, les évitements correspondent à des situations assez précises, et relativement rares, comme prendre la parole face à un groupe. Dans d'autres cas, ils s'étendent à un nombre plus important de situations : rencontrer des inconnus, exprimer ses sentiments, défendre ses droits... Dans certaines formes de phobie sociale dites généralisées, ce seront quasiment toutes les occasions d'être regardé par autrui que le sujet cherchera à éviter...

Ces évitements peuvent être systématiques, ou comporter un caractère fluctuant, parfois lié à des caractéristiques spécifiques des situations, notamment en fonction des interlocuteurs (hommes ou femmes, personnes plus ou moins âgées, pairs ou supérieurs...). Mais parfois aussi, ils peuvent revêtir une apparence aléatoire, avec des « bons » et des « mauvais » jours, selon que la peur du regard de l'autre soit plus ou moins maîtrisable...

b) Évitements partiels : la confrontation sous conditions. Il est cependant difficile d'éviter systématiquement une situation : on ne peut toujours fuir les personnes de sexe opposé, il est parfois nécessaire d'accepter une invitation ou d'effectuer un exposé... Comment faire alors pour ne pas attirer l'attention sur soi ? Jules Renard note par exemple dans son Journal : « Mon anneau de Gygès qui me rend invisible, c'est ma timidité. » Des stratégies spécifiques sont en effet méthodiquement développées par l'anxieux social pour que les confrontations sociales soient possibles :

— adoption de *comportements relationnels « protecteurs »*, soit dans le sens d'une inhibition (« surtout ne pas se faire remarquer »), soit dans le sens d'une froideur et d'une distance hostile (« ne vous occupez pas de moi ») ;
— recours à des *stratagèmes* destinés à masquer le regard (lunettes noires), le visage (chapeau, mèche de cheveux...), le rougissement de la peau (maquillage, ouverture des fenêtres...) ;
— *colmatage de l'anxiété sociale par de l'alcool ou des tranquillisants* consommés systématiquement avant d'affronter les situations redoutées.

Ces « comportements de sécurité en situation » (« in situation safety behaviors » des auteurs anglo-saxons) permettent donc une relative confrontation à la vie sociale, mais dans le même temps ils l'appauvrissent, la personne restant le plus souvent focalisée sur elle-même (« a-t-on remarqué que je n'étais pas à l'aise ? ») au lieu de se consacrer à l'échange et à la relation. On pourrait parler à ce propos de « stratégies de survie », car on reste encore très loin d'un quelconque plaisir ou confort relationnel.

c) Échappements : la fuite. Les échappements correspondent aux tentatives d'approche suivies de dérobades. Toutes les fois où l'inconfort est trop grand, l'anxieux social va fuir la situation : quitter une soirée avant la fin, reposer le combiné téléphonique avant que la personne appelée décroche, etc. D'autres fois, c'est dans la durée que ce phénomène se produit : à l'aise lors des premières rencontres, la personne va se sentir ensuite de plus en plus mal à l'aise au fur et à mesure des interactions ultérieures, et fuir ou réduire peu à peu le contact. On observe assez fréquemment ce type de comportement dans la vie amoureuse des sujets phobiques sociaux, qui craignent d'être de plus en plus transparents aux yeux d'autrui, au fur et à mesure de la répétition des échanges. Cette crainte est basée sur la conviction que des défauts rédhibitoires vont être repérés et entraîner critique, rejet, moquerie : la personne préfère alors fuir par avance ce type de scénario-catastrophe.

B) *Les stratégies thérapeutiques d'exposition aux situations sociales redoutées.* — La seule solution à ces évitements multiples, c'est l'affrontement. Celui-ci repose sur une base expérimentale très largement démontrée dans tous les travaux sur l'anxiété : fuir l'angoisse va en fait la renforcer (c'est ce que les comportementalistes appellent la « sensibilisation »), tandis que l'affronter durablement et régulièrement va peu à peu la faire disparaître (c'est l'« habituation »). L'exposition maîtrisée et planifiée aux stimuli anxiogènes représente la *voie de passage obligée* de toute amélioration : qu'elle soit travaillée de manière isolée, ou qu'elle s'ajoute à d'autres ingrédients thérapeutiques, elle est incontournable.

Le sujet en est d'habitude totalement conscient, et il a en général essayé de se confronter à ses appréhensions, soit de lui-même, soit sous la pression de son entourage. Les résultats ont souvent été décevants. Mais si de tels efforts spontanés peuvent s'avérer infructueux, ce n'est pas que la démarche soit mauvaise, c'est qu'elle doit répondre à un certain nombre de critères bien précis, connus des comportementalistes.

Les stratégies thérapeutiques d'exposition sont en effet bien codifiées actuellement[1], et reposent sur une série d'étapes dans lesquelles le thérapeute va accompagner les efforts de son patient.

a) La prise de conscience et la reconnaissance du problème. Aux yeux du sujet timide ou phobique social, nombre de ses évitements sont légitimes et fondés : « Ne

1. D. A. Hope, Exposure and social phobia : assessment and treatment considerations, *Behavior Therapist,* 1993, 16, 7-12.

pas être plutôt qu'être mal. » Ils n'en restent pas moins des évitements, et doivent à ce titre être considérés comme inacceptables et injustifiés. Ne pas aller à une soirée car on risque de s'y ennuyer, ne pas demander un service car on peut déranger ou essuyer un refus, ne pas bavarder avec un commerçant par peur de dire des banalités : autant d'arguments apparemment plausibles masquant en fait une appréhension de ne pas donner une image satisfaisante de soi.

b) L'évaluation précise du problème. L'anxieux social a souvent une conscience assez floue des moments où il est mal à l'aise. Son discours spontané est en général du type : « Je suis mal dans ma peau, je ne sais pas quoi dire aux gens, j'ai l'impression de ne pas savoir où me mettre ni quel comportement adopter... »

A partir du moment où le sujet souhaite dépasser ses évitements, il doit observer très précisément ceux-ci : quand surviennent-ils, avec qui, en accomplissant quel type de démarche ?... Il lui est ensuite demandé d'en coter l'intensité, en évaluant aussi l'anxiété associée. C'est ce que l'on appelle une auto-observation. Ce principe est également utilisé dans certaines échelles d'évaluation de l'anxiété sociale : le patient est invité à y décrire à quel point un certain nombre de situations sociales l'angoissent, et avec quelle fréquence il les fuit[1]. Une fois ce travail de repérage effectué, le thérapeute va construire avec son patient une liste d'objectifs progressifs, correspondant aux situations que le sujet va devoir petit à petit affronter, en démarrant bien sûr par la moins anxiogène.

c) La mise en pratique. La suite des événements est alors d'une grande simplicité apparente : il s'agit d'affronter progressivement, régulièrement, de manière prolongée, les situations de la liste ainsi établie. Le patient découvre alors peu à peu qu'après la montée très rapide de l'anxiété et de l'inconfort, va suivre une période dite

1. M. R. Liebowitz, Social phobia, *Moderns Problems of Pharmacopsychiatry,* 1987, 22, 141-173.

Tableau 6. — **Extrait de l'échelle d'anxiété sociale de Liebowitz**

Situation	*Anxiété ressentie* 0 = aucune 1 = légère 2 = moyenne 3 = sévère	*Tendance à éviter* 0 = jamais 1 = occasionnel (0 à 33 %) 2 = fréquent (33 à 66 %) 3 = occasionnel (66 à 100 %)
Participer au sein d'un petit groupe		
Parler à des gens qui détiennent une autorité		
Travailler en étant observé		
Essayer de « draguer » quelqu'un		
Résister aux pressions d'un vendeur insistant		
Rencontrer des inconnus		
Entrer dans une pièce alors que tout le monde est déjà assis		
Prendre la parole à une réunion		
Exprimer son désaccord ou sa désapprobation à des gens que l'on ne connaît pas très bien		

(Pour chaque situation, le patient doit attribuer une note d'anxiété et une note d'évitement.)

« en plateau », durant laquelle un certain degré de malaise va persister, puis qu'une décroissance régulière de l'inquiétude va s'amorcer. Si le sujet a pu « tenir bon » jusqu'à ce moment, la partie est gagnée : il a appris qu'après un départ en flèche, son angoisse finissait toujours par retomber ; il pourra donc recommencer l'expérience, puis s'attaquer à des situations de difficulté croissante. Si par contre le patient a fui la situation lors de la première phase (ce qui est souvent le cas lors des expositions spontanées), il restera intimement convaincu que la montée anxieuse n'aurait pas connu de limites, et qu'une catastrophe s'en serait suivie, à type de perte de contrôle sur ses propos ou ses comportements.

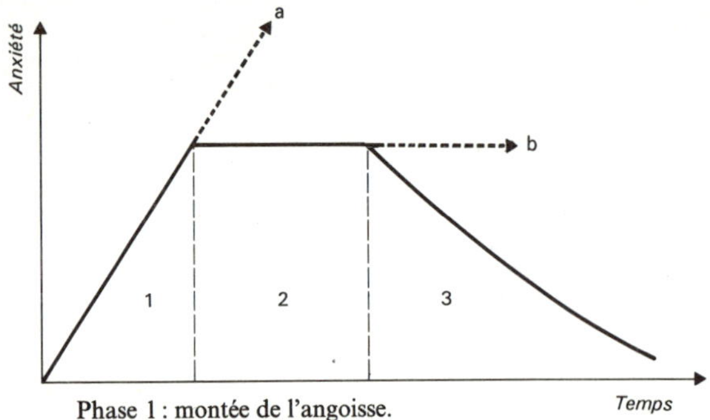

Phase 1 : montée de l'angoisse.
Phase 2 : stabilisation de l'angoisse.
Phase 3 : décroissance de l'angoisse.
Pointillés : (a) anticipation d'une montée sans limites de l'anxiété (scénario catastrophe) ; (b) anticipation d'un maintien sans fin de l'anxiété à son niveau maximum.

Fig. 8. — L'intensité de l'anxiété lors d'une séance d'exposition.

d) Précautions. Le soutien régulier du thérapeute est indispensable dans cette phase du traitement pour motiver et encourager son patient. Même si les tâches sont de difficulté croissante, elles n'en demeurent pas moins toutes pénibles pour l'anxieux social. Le thérapeute va donc systématiquement le préparer à affronter chacune des situations planifiées : d'une part par des jeux de rôle destinés à augmenter sa maîtrise (que dire dans une soirée pour engager la conversation ? comment résister à une demande insistante ? comment coordonner ses gestes et ses paroles lors d'une communication en public ?), d'autre part en définissant des objectifs réalistes. En effet, bien souvent le sujet renonce à affronter les situations où il *pense* qu'il ne sera pas à la hauteur ; mais l'analyse attentive de ses propres critères d'appréciation de la « réussite » d'une interaction révèle en général des *attentes de performance excessives.* S'écarter de standards de performance irréalistes pour se donner des objectifs modestes est une première étape indispensable : par exemple, ne pas attendre d'une soirée où l'on est convié d'arriver à parler à tout le monde ou à toutes les personnes qui nous plaisent, à se sentir et à paraître totalement à l'aise, à faire preuve d'humour, etc., mais s'efforcer de faire la connaissance, même rapidement et de façon superficielle, de deux personnes inconnues.

Après les exercices d'exposition, les succès et difficultés sont systématiquement repris et discutés avec le thérapeute, pour définir les étapes ultérieures et les stratégies à y développer.

C) *L'utilisation de la relaxation.* — Lorsque l'anxiété est trop forte, et que le sujet ne peut affronter même les premières situations prévues, le thérapeute va procéder à ce que l'on appelle une « désensibilisation systématique ». Après avoir appris au patient à se relaxer, il va lui demander de *s'imaginer plongé dans la situation redoutée* : tant que cette visualisation provoquera de l'angoisse, elle devra être répétée, le passage à la situation réelle ne se faisant qu'ensuite...

Dans ce contexte, les techniques de relaxation utilisées sont soit le *training autogène de Schultz* (où le sujet apprend à relâcher ses muscles, contrôler son rythme respiratoire et cardiaque, etc.), soit la *relaxation musculaire progressive de Jacobson* (dans laquelle la détente est obtenue après tension préalable des muscles).

De façon générale, la relaxation proposée de façon isolée dans l'anxiété sociale ne conduit qu'à de maigres améliorations : elle ne peut représenter à elle seule un traitement. Mais utilisée comme adjuvant, elle peut permettre au sujet de mieux contrôler ses signes de tension physique dans les situations sociales anxiogènes.

2. **L'entraînement aux compétences sociales.**

> « S'il faut agir, je ne sais que faire ; s'il faut parler, je ne sais que dire ; si l'on me regarde, je suis décontenancé... »
>
> (Jean-Jacques Rousseau, *Les Confessions.*)

Le timide est mal à l'aise face à ses semblables, du moins un certain nombre d'entre eux. Ce malaise relationnel comporte une dimension objective : la plupart des travaux conduits montrent que les sujets timides sont perçus comme moins agréables et moins chaleureux que les non-timides. Mais il existe aussi une dimension subjective à ce phénomène : à performance égale, ils sont moins satisfaits d'eux-mêmes, ne sachant pas s'ils se sont comportés « comme il le fallait ». Il est donc logique d'aider le timide à développer ses « compétences sociales ».

A) *La notion de compétence sociale.*

a) Contrairement à ce que l'on pense parfois, l'aptitude à la communication n'est pas un don ou une qualité innée. Derrière l'impression globale que nous font nos interlocuteurs, et que nous ressentons clairement même s'il nous est rarement possible de l'analyser précisément, se profilent tout un ensemble de composantes spécifiques : les « compétences sociales ». Ces compétences sociales relèvent de deux canaux de communication, verbal et non verbal.

Sur le plan *non verbal*, l'anxiété sociale entraîne une tendance à moins regarder ses interlocuteurs, une mimique moins expressive, une intensité de voix s'affaiblissant en fin de phrases, etc.

Sur le plan *verbal*, on retrouve également un style en général marqué par l'inhibition, avec peu d'informations sur soi, peu de questions adressées à autrui, de nombreuses pauses et silences, etc.

Tableau 7. — **Les composantes verbales et non verbales des compétences sociales**

Communications non verbales
FACE :
regard mimique
VOIX :
intensité timbre rythme débit
CORPS :
gestes d'accompagnement gestes parasites posture générale distance interpersonnelle
Communications verbales
reformulations
expression de soi (opinions personnelles, sentiments, informations)
questions et relances

b) Les compétences sociales sont des compétences en grande partie *acquises*, et non des traits innés de personnalité. Au travers des modèles parentaux, des encouragements éducatifs, des expériences précoces de socialisation, tout individu va acquérir des capacités à l'échange avec autrui, et aussi se forger un style personnel. Chacun de nous dispose donc d'un certain savoir-faire en matière de communication, qu'il reste toujours possible d'améliorer et de développer. Chez les anxieux sociaux, qui ont en général tendance à éviter plutôt qu'à affronter les situations sociales, le répertoire relationnel est souvent plus pauvre et stéréotypé que la moyenne. L'entraînement aux compétences sociales se donne donc pour objectif de leur apprendre de nouveaux outils de communication, ou de les aider à mieux maîtriser et utiliser ceux dont ils disposent déjà.

c) L'importance de cette maîtrise des outils de communication est d'ailleurs manifeste, surtout dans des sociétés comme la nôtre où le savoir-faire relationnel, pour ne pas dire « médiatique », prend une place croissante. Un sondage réalisé auprès de cadres et de dirigeants[1] rapportait par exemple que, parmi toutes les qualités nécessaires à la réussite, celles ayant trait à « savoir communiquer et expliquer » venaient en tête très largement devant les autres. Mais, en fait, cela a été vrai de tous temps : une étude portant sur de grands hommes de différentes époques montrait, contrairement aux idées reçues sur le « génie solitaire », puisant son inspiration dans l'isolement et l'incompréhension de ses contemporains, que la majorité des grands scientifiques et artistes des deux siècles derniers étaient des individus étroitement intégrés à un réseau social, et disposant de très bonnes capacités à communiquer[2].

B) *Les bases de l'entraînement aux compétences sociales.*

a) Le choix des situations cibles : comme toujours dans l'approche comportementale, des objectifs précis sont définis avec le sujet. En fonction de ses difficultés ou attentes, la personne souhaitera travailler spécifiquement le contact avec des individus de sexe opposé, la possibilité de défendre ses points de vue dans une conversation, etc. Un travail est systématiquement effectué sur la capacité de l'anxieux social à pouvoir parler sans honte de ses difficultés, se rapprochant ainsi de la vérité fondamentale énoncée par l'écrivain V. S. Naipaul : « Je sais, moi, qu'à la minute où l'on admet sa honte, elle disparaît. »

1. *L'Express* n° 2308 du 28 septembre 1995.
2. F. Post, Creativity and psychopathology : a study of 291 world-famous men, *British Journal of Psychiatry,* 1994, 165, 22-34.

Tableau 8. — **Exemples de situations travaillées lors de l'entraînement aux compétences sociales**

Entrer en contact avec une personne inconnue, ou peu connue, ou impressionnante.
Exprimer ses demandes, besoins et points de vue personnels dans une interaction.
Exprimer un refus ou un désaccord.
Répondre à des critiques ou des désaccords.
Critiquer ou exprimer une émotion négative.
Féliciter ou exprimer une émotion positive.
Abréger ou interrompre une conversation.

---

b) L'entraînement se déroule au travers de jeux de rôle comportementaux. Ceux-ci ne sont rien d'autre que la simulation de la situation réelle, reconstituée avec le thérapeute, ou d'autres patients lorsque le travail a lieu en groupe. Le travail est effectué à partir de séquences à trois temps : jeu de rôle « spontané » (« faites comme vous feriez dans la vie de tous les jours »), commentaires et conseils précis du thérapeute (« voici ce que vous pouvez faire si vous souhaitez améliorer l'efficacité de votre démarche »), à nouveau jeu de rôle en tenant compte des conseils prodigués, etc.

c) La mise en pratique. L'objectif d'un tel entraînement est entièrement tourné vers une mise en pratique rapide, sous forme d'exercices et de tâches à réaliser entre deux séances. Le patient est ainsi invité par son thérapeute à tester ses compétences sociales dans un certain nombre de situations de la vie quotidienne ; ces exercices *in vivo* seront repris et analysés lors de la séance suivante.

C) *Quelques remarques...*

a) Le *travail de groupe* est particulièrement bien adapté à l'entraînement aux compétences sociales[1]. Comme sou-

1. F. Fanget et O. Chambon, Groupes d'affirmation de soi : méthodologie, résultats, *Thérapie comportementale et cognitive,* 1994, 4, 116-126.

vent en psychothérapie, le travail en groupe permet une efficacité accrue, par le biais de plusieurs mécanismes, dont le principal est sans doute qu'il permet aux participants de rencontrer des personnes souffrant des mêmes difficultés qu'eux ; les possibilités d'identification, de soutien mutuel s'en trouvent accrues par rapport à une démarche individuelle.

b) Une des techniques d'entraînement aux compétences sociales les plus utilisées repose sur la notion d'*Affirmation de Soi.* Apparue à la fin des années 60 aux États-Unis, dans le contexte des mouvements d'émancipation des femmes et de lutte pour l'amélioration de la condition des Noirs, l'Affirmation de Soi se définit tout simplement par la capacité pour un individu à communiquer sans inhibition ni agressivité avec son entourage.

Tableau 9. — **Définition de l'Affirmation de Soi**
(d'après Alberti et Emmons, 1970)

L'Affirmation de Soi se caractérise par la capacité à exprimer ce que l'on pense, ressent, veut... de la manière la plus claire et directe possible tout en tenant compte de ce que l'interlocuteur pense, ressent, veut...

Le comportement affirmé, ainsi défini, est un comportement appris, à la différence des comportements d'inhibition ou d'agressivité. Chacun de ces trois types de comportements relationnels répond à des caractéristiques propres en situation sociale.

Simples et particulièrement opérationnels, les concepts développés par l'Affirmation de Soi s'avèrent très bien adaptés au développement des compétences sociales[1].

1. J.-M. Boisvert et M. Beaudry, *S'affirmer et communiquer*, Montréal, Éditions de l'Homme, 1979.

Tableau 10. — **Les trois types de comportements relationnels**

Comportement inhibé	*Comportement affirmé*	*Comportement agressif*
Défend mal ses droits par peur de déranger ou de provoquer un conflit. Attend qu'on devine ou comprenne ses besoins. Résout les problèmes par le retrait.	Défend ses droits tout en respectant ceux des autres. Sait exprimer ses besoins mais sait aussi écouter. Tente de résoudre les problèmes par la négociation.	S'impose pour atteindre ses buts sans se préoccuper de ceux des autres. Fait passer ses besoins avant ceux des autres. Résout souvent ses problèmes par la colère ou la force.
N'exprime pas clairement ses positions. Est souvent incompris, oublié ou exploité. Donne une image effacée, voire froide, distante ou peu motivée.	Actif, dit clairement ce qu'il pense. Voit son point de vue pris en compte par les autres. Est apprécié pour sa franchise même s'il dérange parfois.	Tend à imposer son point de vue de façon catégorique et autoritaire. Supporte mal la contradiction. Frustre ou irrite ses interlocuteurs.
Souvent frustré, dévalorisé. Rumine après coup ses difficultés. Se juge sévèrement et négativement.	A confiance en lui. Agit au mieux de ses capacités en reconnaissant clairement ses limites. S'analyse sans excès.	Souvent tendu et énervé, se sent vite agressé. Vit les échanges comme des rapports de force. Fréquemment culpabilisé d'être allé trop loin.

c) Les mécanismes exacts de l'efficacité, par ailleurs attestée, de telles démarches thérapeutiques restent encore flous. En plus de l'amélioration objective des compétences sociales, il est probable que l'augmentation du *sentiment subjectif de contrôle* sur la situation joue un rôle important[1], ainsi que l'augmentation de l'*efficacité personnelle perçue*[2].

d) L'entraînement aux compétences sociales n'est pourtant pas une panacée, et des limites existent bien évidemment. Les sujets les plus handicapés par leur anxiété sociale, comme les phobiques sociaux, ont ainsi beaucoup de mal à apprendre des compétences sociales nouvelles, notamment en groupe, et surtout à les appliquer, tant que leur niveau d'angoisse en situation sociale n'aura pas décru d'une autre manière (par l'exposition ou la prescription médicamenteuse).

e) Par ailleurs, il faut souligner que de tels entraînements, destinés à améliorer la maîtrise des processus relationnels, ne dispensent jamais d'une réflexion plus approfondie et personnalisée sur les difficultés de chaque patient : il ne s'agit pas seulement d'apprendre des « trucs » pour mieux communiquer (encore que cela soit plus légitime et utile qu'on n'a l'habitude de le dire) mais aussi d'aider le sujet à développer un regard différent sur lui-même en tant qu'objet social, et de modifier sa vision sur ce que sont les liens sociaux[3]. Mais cette démarche ne peut se faire de façon spéculative, et nécessite que la personne adopte une attitude active d'acteur, et non d'observateur passif de ses difficultés.

1. N. Dubois, *La psychologie du contrôle,* Grenoble, Presses Universitaires de Grenoble, 1987.
2. A. Bandura, *L'apprentissage social, op. cit.*
3. K. Wilson et C. Gallois, *Assertion and its social context*, Oxford, Pergamon Press, 1993.

3. **La restructuration cognitive.**

> « Si on pouvait se voir avec les yeux des autres, on disparaîtrait sur-le-champ. »
>
> (Cioran, *De l'inconvénient d'être né.*)

L'étude des contenus de pensée des sujets anxieux sociaux représente certainement un des abords les plus passionnants de l'anxiété sociale. L'approche cognitive se donne pour objet de comprendre (et de modifier quand cela est nécessaire) la manière dont le sujet perçoit et interprète son environnement : Pourquoi ai-je toujours le sentiment d'être jugé par les autres ? D'où vient mon impression que ma gêne se voit comme si j'étais transparent au regard d'autrui ? Comment se fait-il que je m'inhibe lorsque j'ai envie de parler ?

Le postulat de base de l'approche cognitive repose sur la théorie du *traitement de l'information*, selon laquelle le sujet n'est pas passif par rapport aux informations provenant de son environnement, mais les sélectionne et les interprète de manière active. Au risque cependant de certaines erreurs... De fait, l'anxiété sociale est avant tout, nous l'avons vu, une *anxiété d'évaluation*, dans laquelle le sujet craint en permanence d'être observé, évalué et jugé par autrui. D'où l'importance fondamentale des mécanismes cognitifs dans sa genèse[1].

A) *Les éléments de base.* — Les éléments cognitifs sont présents à toutes les étapes de l'anxiété sociale : avant, pendant et après la confrontation aux situations sociales...

a) Les affres de l'anticipation. L'anxiété sociale est souvent une anxiété d'anticipation, c'est-à-dire dont la survenue est liée à l'évocation de la scène redoutée. Lorsqu'ils se préparent à affronter les situations sociales, il est

1. C. André et P. Légeron, Thérapies cognitives de l'anxiété sociale et de la phobie sociale, *Psychologie française,* 1993, 38, 231-240.

fréquent que les sujets construisent, sans toujours s'en rendre clairement compte, de véritables *« scénarios-catastrophe »* : ceux-ci passent en revue tout ce qui pourrait arriver de désagréable ou d'humiliant, mettent en scène les pires des dénouements possibles, s'accompagnent d'une remémoration de toutes les difficultés ou échecs passés. L'intensité de cette anxiété anticipatoire est telle qu'elle peut à elle seule susciter de véritables montées d'angoisse, et conduire ainsi à l'évitement radical de la situation, à sa fuite anticipée.

b) Dans le feu de l'action. Pendant que le sujet est engagé dans l'action, il va commettre à son insu un certain nombre d'erreurs et de distorsions dans sa manière de « lire » la situation[1]. Observons-les chez un jeune homme timide qui tente de bavarder avec une jeune fille à laquelle il vient d'être présenté :

— La *conclusion sans preuves*, qui consiste à transformer des impressions ou des doutes en certitudes : « Elle m'écoute sans rien dire, c'est qu'elle me juge et qu'elle m'est hostile. » Cette tendance à la « lecture de pensée » est quasi constante dans l'anxiété sociale.

— La *personnalisation*, qui fait que le sujet s'attribue la responsabilité d'éléments de la situation qui ne dépendent peut-être pas de lui : « Si elle ne sourit pas, c'est que je l'ennuie », ou qu'il se persuade que d'autres feraient systématiquement mieux : « Je devrais être capable de la faire sourire beaucoup plus, je suis sûr que n'importe qui d'autre à ma place y arriverait sans peine. »

— La *focalisation*, qui pousse le sujet à se polariser sur un détail dans une interaction globale : « Je suis sûr qu'elle est en train de s'apercevoir que je rougis, elle ne va plus voir que ça. »

— La *généralisation*, qui amène à globaliser de façon excessive les conséquences potentielles d'une situa-

1. C. André *Les thérapies cognitives*, Paris, Morisset, 1995.

tion : « Elle va me trouver complètement ridicule et sans intérêt. »

— La *catastrophisation*, qui consiste à imaginer le pire des scénarios possibles : « Elle ne voudra plus jamais me revoir, elle va se moquer de moi, et mettre tout le monde au courant de cette histoire, je vais devenir la risée de tout le groupe. »

De nombreuses études expérimentales ont confirmé cette intensité des processus mentaux dysfonctionnels : le sujet timide est souvent tellement pris par ses doutes qu'il néglige l'interaction en cours tant il est parasité par ses propres pensées et phénomènes émotionnels. Ainsi, après un échange, les anxieux sociaux se souviennent de beaucoup moins de détails du contexte que les non-anxieux sociaux[1]. Face à des événements à caractère social ambigu (c'est-à-dire dont l'interprétation est incertaine), par exemple recevoir des amis qui prennent congé assez tôt dans la soirée, les timides auront plus d'interprétations négatives – « c'est parce qu'ils s'ennuient à mourir en ma compagnie » – que les non-timides, qui seront aussi capables de se dire : « C'est parce que ces amis sont fatigués qu'ils partent si tôt. »[2]

c) L'après-coup. Une fois les situations affrontées, les phénomènes cognitifs ne s'interrompent bien sûr pas, et souvent le timide se repasse en quelque sorte le film de l'interaction pour en tirer un certain nombre de *ruminations douloureuses*. Différents travaux ont pu montrer que les sujets anxieux sociaux se souvenaient beaucoup mieux des informations négatives les concernant que les non-anxieux sociaux[3]. Une grille de compréhension des

1. D. A. Hope *et al.*, Social anxiety and the recall of interpersonal information, *Journal of Cognitive Psychotherapy*, 1990, 4, 185-195.

2. D. M. Clark et A. A. Wells, *A cognitive model of social phobia*, *in* R. G. Heimberg (éd.), *Social phobia, diagnosis, assessment and treatment*, New York, Guilford Press, 1995.

3. K. O'Banion et H. Arkowitz, Social anxiety and selective memory for affective information about the self, *Social Behavior and Personality*, 1977, 5, 321-328.

Tableau 11. — **L'interprétation des situations relationnelles dans l'anxiété sociale**

Type de situation sociale	*Type de distorsion*	*Type de cognition*
Situations ambiguës : un serveur vous fait attendre au restaurant ; une personne ne vous salue pas dès le début d'une soirée	Attribution d'un caractère négatif à l'événement	« Il le fait exprès, il a vu que je ne saurai pas réclamer » ; « elle me marque son peu d'intérêt »
Situations positives : un ami vous félicité après un exposé en public ; vous êtes invité(e) à une soirée chez une personne qui vous impressionne	Remise en question du caractère positif de l'événement	« Il dit ça pour me faire plaisir » ; « je ne serai pas à la hauteur, je vais décevoir »
Situations négatives : un interlocuteur ne s'intéresse manifestement pas à vos propos ; on critique une de vos propositions	Amplification du caractère négatif de l'événement	« J'ennuie tout le monde, je suis sans intérêt » ; « je suis incompétent(e) et sans qualités »

phénomènes de traitement de l'information en « après-coup » chez les phobiques sociaux peut aussi être fournie par la *théorie des attributions*[1]. Celle-ci postule que nous avons tendance à conférer à tout événement un certain nombre d'attributions causales : internalité ou externalité, stabilité ou instabilité, caractère global ou spécifique... Chez le sujet déprimé, ces attributions sont biaisées, c'est-à-dire qu'elles ne vont pas dépendre de l'événement ou de son contexte, mais plus simplement de la tendance du dépressif à ne retenir que le caractère négatif de ce qu'il vit. Il semble bien qu'il en soit de même pour nombre d'anxieux sociaux. Ainsi, à partir d'un échec relationnel, comme le fait de n'avoir pas réussi à prendre la parole dans une réunion à laquelle il participait (événement négatif), la tendance du sujet timide risque d'être à internaliser (« cela vient de moi », et non « ce n'était pas facile »), à maximiser (« c'est une vraie catastrophe », et non « c'est ennuyeux, mais pas épouvantable »), à attribuer un caractère stable (« cela sera toujours comme ça », et non « j'y arriverai mieux la prochaine fois ») et un caractère global (« je suis un raté », et non « s'imposer dans les réunions, ça n'est pas mon fort »). Inversement, le risque existe que, face à une situation positive de même importance, le sujet procède à des évaluations très différentes. Par exemple, s'il a pu pour la première fois exprimer sa position lors d'une réunion de travail, il peut atténuer le caractère favorable de l'événement en l'externalisant (« ils ont été gentils de me laisser parler »), en le minimisant (« c'est que le thème de la réunion ne les inspirait pas »), en lui attribuant un caractère instable (« la prochaine fois, ils ne me laisseront pas en placer une ») et un caractère spécifique (« ce n'est pas parce que j'ai dit trois mots que mon image dans l'entreprise va changer »).

1. L. Abramson *et al.*, Learned helplessness in humans : critique and reformulation, *Journal of Abnormal Psychology*, 1978, 87, 49-74.

L'enjeu de telles évaluations après coup s'avère assez important pour certains patients vulnérables, et peuvent être de nature à entraver leurs efforts, puisque leurs progrès seront systématiquement dévalués tandis que leurs échecs se verront amplifiés.

Tableau 12. — **Les attributions causales dans l'anxiété sociale**

Caractéristiques attribuées aux événements négatifs	*Caractéristiques attribuées aux événements positifs*
Interne (« cela vient de moi »)	Externe (« cela est dû à des facteurs extérieurs à moi »)
Stable (« cela va durer »)	Instable (« cela ne durera pas »)
Maximale (« c'est grave »)	Minimale (« ce n'est pas grand-chose »)
Globale (« c'est généralisable à d'autres dimensions de mon existence »)	Spécifique (« cela ne représente rien de significatif par rapport à ce que je suis vraiment »)

d) Les prédictions autoréalisées. Les distorsions cognitives dont nous venons de parler n'affectent pas seulement le sujet dans son bien-être, elles vont aussi altérer la qualité de ses relations à autrui. Persuadé de ne pas être à la hauteur et d'être jugé négativement par les autres, le sujet anxieux social va souvent adopter, sans en être clairement conscient, des comportements marqués par ce vécu subjectif. Ainsi, un sujet persuadé qu'il n'intéresse personne dans une soirée va rester dans son coin en faisant semblant de se passionner pour les tableaux accrochés au mur, ou les livres de la bibliothèque ; pendant ce temps, il ne fait rien pour lier le moindre contact avec quiconque, et à la fin de la soirée il aura tendance à conclure que ses convictions de n'être pas intéressant sont finalement fondées, puisque démontrées par les faits. Alors que les faits ne font que démontrer le poids de ses pensées...

Une preuve de ce mécanisme d'influence de nos actes par nos pensées a pu être fournie par diverses expériences scientifiques dont une des plus intéressantes consistait à proposer à des étudiants volontaires un entretien avec une tierce personne (l'un des expérimentateurs). A l'issue de cet entretien, de fausses informations stéréotypées étaient fournies aux étudiants : aux uns l'on déclarait que leur interlocuteur les avait appréciés, aux autres qu'il les avait trouvés peu sympathiques ou carrément inintéressants. Après avoir reçu ces fausses informations, les étudiants avaient un second entretien avec la même personne. Celle-ci devait alors évaluer leur comportement durant l'entretien, sans savoir quelles informations, positives ou négatives, les étudiants avaient reçues. Il s'avéra que les étudiants « victimes » du feed-back négatif se comportaient, de l'avis de leur interlocuteur, de manière moins chaleureuse et amicale que ne le faisaient ceux qui avaient bénéficié d'un *feed-back* positif[1]. Le fait de croire que leur interlocuteur portait sur eux un jugement défavorable leur avait fait adopter un comportement lui-même peu chaleureux, de nature à amplifier encore le jugement présumé de l'interlocuteur...

B) *La thérapie cognitive.* — Développée dans les années 60 auprès de patients dépressifs, la thérapie cognitive a été depuis appliquée à d'autres manifestations psychopathologiques, comme l'anxiété sociale[2]. Elle se donne pour objectif d'aider le sujet à mieux prendre conscience du poids de ses perceptions subjectives, souvent erronées et inutilement anxiogènes, dans ses difficultés sociales et

1. R. C. Curtis et K. Miller, Believing anothers likes or dislikes you : behaviors making the beliefs come true, *Journal of Personality and Social Psychology,* 1986, 51, 284-290.

2. A. T. Beck et G. Emery, *Anxiety disorders and phobias*, New York, Basic Books, 1985.

relationnelles. Elle procède par différentes étapes, du superficiel au profond, dans l'abord des différentes « variables cognitives ».

a) La mise en évidence des cognitions, ou « pensées automatiques ». Les cognitions représentent le discours intérieur du sujet. Présentes chez chaque individu, elles prennent, lors des troubles psychologiques, une dimension excessive et invalidante par leur caractère négatif. Chez l'anxieux social, il est courant d'observer qu'elles se regroupent en trois familles :

— *cognitions sur soi*, autour des thèmes d'incapacité ou de défaillance : « Je ne suis pas à la hauteur », « je suis trop émotif(ve) », « ma voix est trop aiguë quand je suis gêné(e)... » ;
— *cognitions sur ce que les interlocuteurs peuvent penser*, à partir du sentiment d'être observé et jugé négativement : « Ils sont en train d'observer mes mains qui tremblent », « ils se disent que je ne suis pas compétent(e) pour ce travail... » ;
— *cognitions sur ce que les interlocuteurs risquent de faire*, basées sur l'anticipation d'attitudes d'agression, de critique ou de rejet : « Si le pompiste me voit trembler en signant le chèque, il va me faire des histoires », « j'ai rougi en lui disant au revoir, elle ne me ré-invitera plus jamais », « ils vont me poser des questions auxquelles je ne vais pas savoir répondre... ».

Le thérapeute va apprendre à son patient à repérer ces cognitions durant leurs entretiens, mais il va aussi lui demander un travail d'auto-observation à effectuer sur lui-même au travers de ses expériences quotidiennes, à partir de relevés remplis par le sujet. Ces relevés apprennent peu à peu à l'anxieux social à prendre davantage de recul vis-à-vis d'un discours intérieur insidieusement défaitiste ou angoissant.

b) La discussion des cognitions. Nous confondons souvent notre perception du monde avec le monde lui-

Tableau 13. — **Un exemple de relevé d'auto-observation cognitive à trois colonnes (patient de 43 ans, cadre supérieur)**

Situation	*Émotion*	*Cognition*
Croisé mon voisin dans l'escalier, sans pouvoir répondre à son interpellation « il fait beau aujourd'hui, hein ? »	Gêne, malaise	« J'ai l'air d'un imbécile » ; « je réagis toujours trois heures après lorsque les gens me parlent »
Exposé à faire dans mon entreprise devant mes supérieurs	Stress, trac	« Je manque d'assurance » ; « tout le monde a dû remarquer que je n'étais pas à l'aise »
Invité à une soirée, je ne parle pas beaucoup, car je ne connais presque personne	Bloqué, tendu, malheureux	« Je ne suis pas intéressant » ; « on ne me réinvitera plus » ; « tout le monde a repéré que j'étais un convive sinistre »

même : la conviction que quelqu'un ne nous aime pas nous entraîne souvent à agir comme s'il ne nous aimait pas. La discussion systématique des cognitions mises en évidence (« qu'est-ce qui me permet de penser ça ? ») et le développement d'un discours alternatif (« quelles seraient les autres façons possibles de voir les choses ? ») représente donc une deuxième étape du travail cognitif. Là aussi, à partir du travail effectué en séance, le patient est invité à prolonger ce travail dans son quotidien à partir de relevés.

c) La mise en évidence des croyances. En thérapie cognitive, les croyances représentent un ensemble de règles personnelles rigides qui vont régir la perception du

Tableau 14. — **Un exemple de relevé d'auto-observation cognitive à quatre colonnes (patiente de 26 ans, étudiante, éreuthophobe)**

Situation	*Émotion*	*Pensée automatiques*	*Pensées alternatives*
Je rougis lors d'un entretien avec un de mes professeurs	Gêne, colère contre moi-même	« Je suis idiote » ; « il va croire que je suis amoureuse de lui »	« Il ne l'a peut-être pas remarqué » ; « il sait que je rougis facilement, il ne se fera pas d'idées particulières à ce sujet »
Je suis mal à l'aise dans la salle d'attente du médecin : à l'appel de mon nom, tout le monde me regarde	Malaise, sensation de tête vide	« Ils vont me trouver bizarre » ; « j'ai dû rougir » ; « la secrétaire a dû se demander ce qui se passait »	« Ce n'est pas si grave » ; « personne n'aime être observé par les autres » ; « si j'arrête de me concentrer sur moi et d'en faire une montagne, ça me passera peu à peu »
Je m'embrouille dans mes explications pour convaincre mon plombier de venir effectuer une réparation en urgence	Confusion, agacement contre moi	« Je ne suis jamais claire » ; « les gens ne doivent rien comprendre à ce que je veux » ; « ils en profitent pour m'exploiter »	« Il a compris assez vite ce que je voulais » ; « il ne m'a rien fait répéter » ; « c'est sans importance »

monde par le sujet. Encore appelées « schémas cognitifs », les plus fréquentes de ces croyances, dans l'anxiété sociale, ont trait à :

— *La soumission et l'inhibition pour obtenir approbation et reconnaissance :* « Je ne dois pas contrarier, déranger, ou me mettre en avant, sinon je serai rejeté. »

De manière générale, la tendance à percevoir les rapports sociaux comme des rapports de force (ce qu'ils sont en partie, mais pas toujours et pas exclusivement) est assez caractéristique des modes de pensée des anxieux sociaux. L'adoption par les sujets timides d'attitudes effacées, ne contrariant jamais autrui, ne disant jamais non, etc., correspond à ce que les éthologues appelleraient des « conduites de soumission », retrouvées par exemple chez les primates[1], et a pour objectif de prévenir, du moins à leurs yeux, les conflits potentiels qu'ils imaginent derrière chaque interaction.

— *La nécessité d'une performance parfaite :* « Je ne dois pas commettre d'erreur, ni subir de défaillance, sinon cela se retournera immédiatement et gravement contre moi. »

Des critères très élevés concernant les performances sociales sont la seconde caractéristique retrouvée chez les anxieux sociaux : pour s'estimer satisfait d'un échange ou d'une prestation, ils vont souvent exiger d'avoir rempli un nombre élevé de conditions draconiennes. D'où le sentiment d'insatisfaction quasi permanent associé à chacune de leurs sorties. Tous les travaux effectués en ce sens montrent que, lorsqu'ils doivent évaluer leurs performances sociales, les timides se jugent beaucoup plus durement et sévèrement que les non timides. C'est sans doute de cette caractéristique que découle la notion si répandue d'« orgueil des timides ».

1. F. de Waal, *De la réconciliation chez les primates*, Paris, Flammarion, 1989.

— *L'importance du contrôle de l'environnement :* « Je dois être excessivement attentif aux attitudes des autres, sinon des choses importantes et graves vont m'échapper. »

La tendance excessive à la « lecture de pensée » est, nous l'avons dit, un trait caractéristique de l'anxiété sociale. On pourrait dire que le timide est en permanence à la recherche de « signaux de danger » dans son environnement (c'est-à-dire de tout ce qui peut signifier observation attentive, jugement, rejet, critique, désapprobation...) pendant qu'il néglige trop souvent les « signaux de sécurité » (c'est-à-dire de tout ce qui peut signifier neutralité, bienveillance, acceptation...).

— *Le désir de maîtrise de soi :* « Je ne dois pas laisser transparaître ma gêne ou mes émotions. »

Il n'est agréable pour personne de se sentir déstabilisé face à autrui. Mais il arrive à tout le monde d'être ému, troublé, peiné au cours de certains échanges. Beaucoup de sujets anxieux sociaux cherchent à tout prix à masquer ces mouvements émotionnels et semblent à la recherche permanente d'un *self control* total. Ce faisant, ils commettent deux erreurs majeures : ils se privent de cet outil d'échange et de communication parfois important qu'est l'expression contrôlée et adaptée de ses émotions, et ils perdent une énergie considérable à les surveiller et à tenter de les maîtriser.

— *Le sentiment de transparence aux yeux d'autrui :* « Les manifestations d'émotivité que je ressens sont aisément décelables. »

Les anxieux sociaux ont tendance à surestimer le rôle de leurs sensations physiologiques internes dans l'image que les autres vont se faire d'eux. Et à se polariser sur ces phénomènes : des travaux ont ainsi pu montrer que, confrontés à une situation sociale, des sujets phobiques sociaux étaient capables de chiffrer avec une grande précision leur niveau de pulsations cardiaques, là où les sujets non anxieux sociaux n'en avaient qu'une vague

Tableau 15. — **Les principales croyances dans l'anxiété sociale**

Croyance	*Conséquences*
« Je ne dois pas contrarier, déranger, ou me mettre en avant, sinon je serai rejeté. »	« J'évite de donner mon avis, demander quelque chose, refuser, critiquer... »
« Je ne dois pas commettre d'erreur, ni subir de défaillance, sinon cela se retournera immédiatement et gravement contre moi. »	« Je cherche toujours la perfection dans ce que je fais face à autrui. Mais comme c'est impossible, j'évite beaucoup de situations, ou bien je suis insatisfait de la manière imporfaite dont je les ai gérées, et je me dévalorise ensuite à l'excès. »
« Je dois être excessivement attentif aux attitudes des autres, sinon des choses importantes et graves vont m'échapper. »	« Je recherche toujours dans les yeux ou les attitudes de mes interlocuteurs ce qui peut témoigner d'un jugement défavorable à mon égard ou d'une intention de s'opposer à moi. Je suis toujours sur le qui-vive. »
« Je ne dois pas laisser transparaître ma gêne ou mes émotions. »	« Je veux à tout prix masquer mes émotions, même minimes, par peur qu'elles ne soient remarquées, ce qui ne manquerait pas de me mettre en position d'infériorité absolue. Je ne suis jamais spontané. »

conscience, car ils se concentraient plutôt sur l'interaction[1].

— *La vigilance potentiellement hostile ou rejetante d'autrui :* « Les gens surveillent les attitudes des autres et jugent négativement les faibles, en les rejetant ou en les agressant. »

Le sentiment d'un enjeu permanent caché derrière tout échange, même banal, comme acheter une baguette de pain ou croiser un voisin dans l'escalier, est une donnée fréquente de l'univers des phobiques sociaux. Toute situation sociale est vécue comme potentiellement évaluative. Il existe ainsi un questionnaire fréquemment utilisé en psychologie pour le diagnostic de l'anxiété sociale qui repose uniquement sur ce mécanisme, le questionnaire de « peur de l'évaluation négative »[2].

L'adhésion excessive et peu consciente du sujet à de telles règles va entraîner chez lui une *radicalisation* de sa perception des événements : presque toute situation sociale représentera un enjeu angoissant, et de ce fait sera immédiatement interprétée sur un mode dichotomique (échapper ou pas à la catastrophe, en termes d'image sociale).

d) La modification des croyances. La prise de conscience de ces croyances sera un premier pas vers leur indispensable assouplissement. Puis, le sujet sera amené, avec l'aide du thérapeute, à évaluer les avantages et les inconvénients de ses façons de voir les échanges sociaux : la surveillance attentive du jugement social chez autrui, même si elle permet une certaine adaptation, n'est-elle pas finalement épuisante ? Le désir de contrôle total des émotions n'aboutit-il pas parfois à l'effet inverse, en provoquant une vigilance anxieuse de

1. J. Johansson et L. G. Öst, Perception of autonomic reactions and actuel heart rate in phobic patients, *Journal of Behavioral Assessment,* 1982, 4, 133-143.

2. D. Watson et R. Friend, Measurement of social-evaluative anxiety, *Journal of Consulting and Clinical Psychology,* 1969, 33, 448-457.

tous les instants, qui elle-même fragilise sur le plan émotionnel ? Puis, ce que les thérapeutes cognitivistes appellent des « épreuves de réalité » (effectuer des démarches pour vérifier le caractère excessif des croyances, et appprendre peu à peu à leur « désobéir ») seront également programmées. Toute cette approche doit s'effectuer de manière particulièrement souple, et respecter les croyances erronées du patient : celles-ci sont anciennes, et font partie d'un système de valeurs familiales et sociales acquis dans l'enfance ; l'identification du sujet à ses croyances est de ce fait très forte.

e) La démarche cognitive au cours d'une thérapie. La prise de conscience, puis la maîtrise progressive de l'ensemble de ces phénomènes cognitifs par l'anxieux social, est indispensable à sa guérison. L'intervention cognitive dans le cadre des phobies sociales représente au fond une série de questions, posées par un thérapeute expérimenté dans l'art du « dialogue socratique », et destinées à aider la personne à découvrir par elle-même ses erreurs de raisonnement logique et affectif :

— Le sujet est entraîné à identifier ses cognitions anxiogènes, et à les différencier de la réalité, telle qu'elle est perçue par exemple par autrui, ce qui n'est pas toujours évident !

« Au moment où j'ai eu le sentiment d'avoir été ridicule, est-ce sûr que ce sentiment ait alors été celui de mes interlocuteurs ? »

— Il apprend ensuite à en évaluer la validité, et à les remettre en question en imaginant notamment d'autres alternatives possibles.

« Le fait que des gens aient ri dans la rue à mon passage vient peut-être de ce qu'ils parlaient entre eux d'une histoire drôle. »

— Il est ensuite progressivement conduit à assouplir ses croyances.

« Les autres sont-ils aussi attentifs que je le pense à observer la moindre de mes manifestations d'émotivité ? »

Les bénéfices de ces divers types d'interventions cognitives, que nous n'avons fait qu'évoquer ici, se situent à plusieurs niveaux :

— permettre à la personne de se concentrer davantage sur les échanges sociaux que sur ce qu'elle ressent ou ce qu'elle pense ;
— avoir des attentes plus réalistes par rapport aux exigences réelles des situations sociales ;
— s'encourager et non se déprécier en situation sociale.

Conclusion

LES IDÉES REÇUES ONT LA VIE DURE

A propos de la timidité, l'image d'une difficulté anecdotique et bénigne, voire charmante, doit être vigoureusement combattue et dénoncée.

L'anxiété sociale est sans doute au cœur de la nature humaine : naître humain, c'est pouvoir ressentir, à un moment ou un autre de sa vie, de l'anxiété dans les rapports avec ses semblables. Mais ce n'est pas parce que l'anxiété sociale est un problème fréquent qu'elle n'entraîne pas de souffrances.

L'anxiété sociale ne provoque le plus souvent qu'une gêne modérée, compatible avec un certain niveau d'adaptation. Mais ce n'est pas parce que certaines formes sont bénignes qu'il faut négliger de véritables maladies invalidantes comme la phobie sociale.

L'anxiété sociale est fréquemment inscrite dans des traits de personnalité ou de tempérament. Mais ce n'est pas parce que « c'est dans le caractère » qu'il faut ne rien proposer aux sujets qui font la demande d'un changement.

Nous nous construisons au travers de l'échange avec les autres. Cette « nourriture » relationnelle nous est aussi indispensable que son homologue matérielle. De très nombreuses études ont d'ailleurs confirmé l'importance de ce que l'on appelle le « support social » en matière de prévention des difficultés psychologiques : un individu disposant d'un réseau relationnel de bonne qualité tout autour de lui est un sujet mieux protégé que celui qui n'en dispose pas. Par ailleurs, le développement harmonieux d'une personne, la construction de sa vie, ne peuvent se concevoir sans des liens solides avec autrui.

Il est important que soit désormais mieux prise en compte cette dimension fondamentale de la personne, par une politique de dépistage et de prévention plus systématique de la part des médecins et psychologues, puisque des outils efficaces sont désormais à leur disposition. Mais la démarche la plus efficace sur le long terme résidera sans doute dans la mise en place d'une réflexion des pédagogues sur l'éducation des enfants à la maîtrise de la communication interpersonnelle. Pour qui a entendu les récits de sujets adultes dont la scolarité et la vie sociale de l'enfance ont été gâchées par l'anxiété sociale, il est étonnant que l'on continue de se comporter comme si ces phénomènes n'existaient pas.

Beaucoup d'efforts restent encore à faire pour que personne ne puisse plus dire un jour, comme Montesquieu : « La timidité a été le fléau de ma vie »...

BIBLIOGRAPHIE

Alberti M. E. et Emmons M. L., *S'affirmer*, Montréal, Le Jour, 1992.

American Psychiatric Association, *Diagnostic and statistical manual of mental disorders,* fourth edition, Washington DC, American Psychiatric Association, 1994.

André C., Légeron P., *La peur des autres,* Paris, Odile Jacob, 1994.

Boisvert J.-M. et Beaudry M., *S'affirmer et communiquer*, Montréal, Éditions de l'Homme, 1979.

Cungi C., *Savoir s'affirmer,* Paris, Retz, 1996.

Jones W. H., Cheek J. M., Briggs S. R., *Shyness, perspectives on research and treatment*, New York, Plenum Press, 1986.

Heimberg R. et coll., *Social phobia, diagnosis, assessment and treatment*, New York, Guilford Press, 1995.

Leary M. R. et Kowalski R. M., *Social anxiety*, New York, Guilford Press, 1995.

Leitenberg H., *Social and evaluation anxiety*, New York, Plenum Press, 1990.

Stein M. B., *Social phobia : clinical and research perspectives,* New York, American Psychiatric Press, 1995.

Zimbardo P. G., *Shyness,* Reading, Addison-Wesley, 1977.

TABLE DES MATIÈRES

Imprimé en France
Imprimerie des Presses Universitaires de France
73, avenue Ronsard, 41100 Vendôme
Février 1997 — N° 43 191